辞書のように使える！

仕事で差がつく言葉の選び方

ビジネス × 大和言葉 で話し方・書き方が見違える

神垣あゆみ 著　山岸弘子 監修

フォレスト出版

「超スゴイ」をビジネスで使える言葉に

「超スゴイ」「超ヤバい」「超カワイイ」……。打ちとけた間柄でもない限り、ビジネスシーンで使っている人は少ないでしょう。

　しかし、あなたはこれをビジネスでも通用する言葉に翻訳できますか？　「とてもすごい」「非常にまずい状況」「とてもかわいらしい」……。間違いではありませんが、可もなく不可もなし。残念ですが、これから本書でお伝えしていく言葉のように「耳に心地いい」「知的」「品がある」というプラスの印象を相手に与えることはできません。

「超」という言葉は「とても」「非常に」のほかにも、「いたく」「この上なく」「はなはだ」といった言葉でも表現できます。

「いたく」は、漢字で書くと「痛く」「甚く」で、痛むほど強く心を打たれる様子を表します。

いたく感動しました。

「この上なく」は「これ以上のことはない」という意味で、最高・最上の状態を指します。

この上ない喜び

3

「はなはだ」は、非常に、大層というニュアンスです。

はなはだ迷惑な話で困惑している。

そのほかにも、「普通ではない」「通り一遍ではない」という意味の「並々ならぬ」、普通の状態からかけ離れていることを指す「すこぶる」にも言いかえることができます。「超」という一文字で状態を表せるのは便利ではありますが、別の言葉で表現する術も知っておいて損はありません。

とくに、日本古来の言葉である「大和言葉」を使うと堅苦しい印象を与えがちなビジネスメールなどの文章も、相手に受け入れられやすくなるという効用もあります。

ビジネスで使うべき大和言葉とは何か？

大和言葉というと、「いとおかし」とか「かたはらいたし」「あわれなり」といった古語を想像するかもしれませんが、古語だけを指すのではありません。大和言葉の定義は専門家によって変わりますし、例外もあるのですが、一般的には中国由来の「漢語」、主に欧米から入ってきた「外来語」に対して、日本古来の言葉（和語）を指します。

たとえば、漢語にあたる「恐縮」を大和言葉に言いかえると「恐れ入る」。同様に「配慮」は「心づかい」と言いかえることができます。

漢語で表現すれば、字数も少なくなり、意味も一目でわかる利点はありますが、堅苦しい印象は否めません。

「平素より格別なご愛顧を賜り、厚く御礼申しあげます」

といったお礼の一文を、ビジネス文書で見かけます。

漢字が多く、かっちりとかしこまった感じがして、定型文として都合はよいのですが、もう少しやわらかい言い回しにしたいなら、大和言葉を使って次のように書きかえてみましょう。

ひとかたならぬお引き立てをいただき、心からお礼を申しあげます。

お引き立てにあずかりまして、ありがたく存じます。

いつもお心にかけていただき、ありがとうございます。

このように大和言葉を使うと、文章がやわらかくなり、やさしい印象を与えます。堅い調子の文章で、よそよそしいと感じるとき、相手との距離を縮めたいと思うときは、ぜひ大和言葉に言いかえてみてください。

直言せず、間接的で遠回しな言い回しをしたいとき、大和言葉は重宝します。

ビジネスのやり取りに関しては、直言、明言するほうがよい場合も多いのですが、はっきりものを言いすぎると角が立ち、相手との関係がぎくしゃくすることもあります。

そんなとき、大和言葉で婉曲に伝える術を知っていれば、メールや電話などの顔の見えない相手との不要なトラブルを回避することもできます。

ビジネスを洗練させる言葉が満載

　私は「仕事美人のメール作法」というメールマガジンを発行しているのですが、以前、大和言葉をビジネスシーンでいかに使うべきかというテーマで書いたことがありました。

　すると、「ビジネスにおいて、よくある型にはまった言い方ではなく、場に応じた、もっと気の利いた言い回しを知りたい」という声が数多く寄せられ、大和言葉への関心の高さと意外なニーズに驚きました。

　感謝の気持ちがより際立ち、拒否や抗議には角が立たない大和言葉は、どんな場面でも役立ちますが、私たちが1日の大半の時間をあてるビジネスシーンでこそ、最も必要とされているのかもしれません。

　大和言葉に関する本はたくさん出ていますが、書店に置かれているコーナーを見ると、日本の伝統文化やワンランク上のマナー本や敬語の一種として扱われているようです。そこで、ビジネスシーンに特化した関連本としてまとめたのが本書です。

　語彙や表現の引き出しが少なくて文章を書くのが苦手、という方も、辞書代わりに本書をご活用ください。書き言葉だけでなく、話し言葉にも使える大和言葉をベースにした言い回しを、ビジネスシーンごとに多数紹介しています。

日本古来の豊かな表現を学ぶ

『万葉集』に、柿 本 人麻呂の次の歌があります。

　磯城島の　大和の国は　言霊の
　助くる国ぞ　ま幸くありこそ

——巻13. 3254

「日本の国は、言霊の力によって幸いのもたらされている国なのです。ですから、どうぞ御無事に、幸いでおいでください」（『万葉一首一話』高木博、双文社出版）という歌意です。

　この歌に象徴されるように、日本は言霊が助けてくれる国だから、良いことを言えば良いことが現れるが、大事な言葉ほど、うかつに口に出してはいけない。言葉はできるだけ慎重に使うもの。よほどのことがない限り、恋人の名前すら心に秘めておかねばならない。——そんな言葉に対する考え、とらえ方がありました。

　死者を悼むときも「死んだ」「死ぬ」という直接的な表現は避け、「隠れる」「散った」という遠回しな表現を用いています。

　それはなぜでしょうか。

　言葉には魂があり、うっかり口に出すとその通りになってしまうという「言霊」の存在が信じられていたからです。

　言葉は生き物、時代によって変わっていくものと言われます。「超」という表現が普及したのもその現れといえ、

簡単、便利、インパクトのある新しい言葉はこれからも生まれ続けることでしょう。

しかし、かつて言霊の存在を信じ、だからこそ言葉を慈しんできた先人たちに倣い、現代に生きる私たちも、言葉をもっと大切に扱い、言葉で相手を思いやり、心を通わせることができたら素敵だと思うのです。

日本古来の豊かな表現を身近なものとして日常、そしてビジネスに取り入れ、使ってみましょう。語彙を増やし、表現力を広げるためにも、本書がお役に立てばうれしい限りです。

本書まとめるにあたり、監修をつとめてくださいました山岸弘子先生に、この場を借りて感謝申しあげます。

著者　神垣あゆみ

2 断り・拒否

3 謝罪・反省

④ 依頼・提案

⑤ 紹介・仲介

⑥ 意見・抗議

7 謙遜・配慮

⑧　称賛・評価

装幀　河南祐介（FANTAGRAPH）
本文デザイン・DTP　富永三紗子

凡例

見出し語
各項目ごとに五十音順に紹介していきます。大和言葉以外にも、ビジネスパーソンなら押さえておきたい「品がある」「耳に心地いい」言葉もピックアップしています。

類語
見出し語の意味に近い言葉を紹介しています。

意味
見出し語の意味を端的に説明しています。

よんどころない

類……抜き差しならない　致し方ない
意……やむを得ない

込み入った事情を端的に表すなら
「どうにもこうにもならず、仕方がない」というときの言い回しです。
　不可避の事態が発生し、予定や約束を断らなけ〜ないときなどに「よんどころない事情」というフ〜用いることで、詳細に理由を述べなくても、人が〜手出しもできない込み入った状況にあることを暗〜ルできます。

せっかくのお話ですが、もろもろの事情があり、お断りせざるを得ません。 →よんどころない
　緊急事態、あるいは込み入った事情があり、詳しく説明するのに時間がかかるというようなとき、「よんどころない」をつけ加えます。立ち行かない状況を相手に把握してもらうのに適した表現です。

〇　**よんどころない**事情で辞退いたしますこと、どうかお察しください。
　逆に、「よんどころない」という言い回しを相手が使っている場合は、それ以上は詮索しないほうがいいのだな、と察することも必要でしょう。

解説
見出し語の語源や使うべきシーン、使う際の注意点などを説明しています。

添削
見出し語への言いかえ、見出し語の挿入など、ブラッシュアップした場合の例です。

例文
見出し語や関連した言葉を使った場合の例文です。〇が正しい使い方、△が可もなく不可もなく、✕が間違った使い方を示します。

お礼・感謝

相手の気遣いを感じたときや、困っているところを助けてもらったときなど、「ありがとうございます」以外にも、感謝の気持ちを伝える言い回しはたくさんあります。

足を向けて寝られない

類……粗末にできない　おろそかにできない　大切にしている
意……受けた恩義を常に忘れずにいる

恩人への感謝の気持ちを表す喩え

　決して相手のいる方向には足を向けて寝るような失礼なことはできない、それほどの恩義を感じ感謝している、という気持ちを表す言い回しです。

> 窮地を救ってくださった部長の恩義を決して忘れません。　**には足を向けて寝られません**←
>
> 相手に直接、感謝の言葉を伝えるときに、「ありがとうございます」以外の言い回しとして覚えておくとよいでしょう。

○　再起のきっかけを与えてくれた山田さんには、足を向けて寝られないくらいの恩義を感じています。

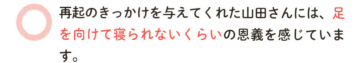

お礼・感謝

断り・拒否

謝罪・反省

依頼・提案

紹介・仲介

意見・抗議

謙遜・配慮

称賛・評価

報告・連絡

贈答

もてなし

感情に訴える

文章で謝意を伝える場合にも、感謝の程度を示す表現として用いられます。

頭が下がる

類……敬服する　感服する
意……感心して、相手に対して自然に敬う気持ちになる

相手の行いに尊敬の念を抱くときに

　相手の行いに対し敬服する意を伝える言葉。人知れず努力している様子や地道に取り組む姿勢に対して、敬意を込めて称賛するときに用います。

　そして、「頭が下がる」に対して「頭が上がらない」は、相手に引け目を感じて、対等な関係に立てないことを指します。

業務外にもかかわらず、清掃活動を続けていらっしゃる佐藤さんは、本当に大したものだと思います。

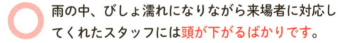

→にはただただ頭が下がります

目上の相手に「偉いですね」「大したものですね」といった褒め言葉は失礼に当たります。代わりに、相手への尊敬の念を込めて「頭が下がります」を使います。

〇 **雨の中、びしょ濡れになりながら来場者に対応してくれたスタッフには頭が下がるばかりです。**

ひたむきに自分たちの役割を全うする姿に対する敬服の念が、「頭が下がる」の後に「ばかり」を添えることで、より強調されます。

災害直後の○○支社で、社員の大半が通常通りの業務を続けようと努力している姿に頭が下がる思いでした。

報告書やレポートなどで、現場の様子を客観的に伝えるような場合は「思い」を添えて、「頭が下がる思いです（でした）」という言い回しもできます。

 毎日、朝一番にトイレの掃除をしている佐藤さんには、頭が上がりません。

「頭が上がらない」は、「相手に引け目を感じて、対等に振る舞えない」という意。例文は相手に対する敬意というより、掃除をしてない自分の後ろめたさを表すことになるので、相手に対する敬意を伝えるなら「頭が下がります」とするのが適切です。

痛み入る

類……恐縮　恐れ入る
意……人の親切や好意に恐れ入る

感謝以上に恐縮する気持ちを伝える表現

　相手の厚意や配慮に対して「自分にはもったいない、恐れ多い」という気持ちを伝えるときに使う言い回し。じんわりと心に染みるような、相手のさりげない心遣いを知ったときや、感謝の気持ちを改まった言葉で伝えたい場合にも用います。

　なお、「痛み入る」は会話ではほとんど使われていません。手紙やメールなどで使うようにしましょう。

お礼・感謝
断り・拒否
謝罪・反省
依頼・提案
紹介・仲介
意見・抗議
謙遜・配慮
称賛・評価
報告・連絡
贈答
もてなし
感情に訴える

急なお願いにもかかわらずご対応いただき、ありが
とうございます。 痛み入ります ←

無理なお願いをしたにもかかわらず、対応してくれた相手
に対して、「ありがとうございます」だけでは表現しきれな
い思いを伝えるときに使います。

身に余るお言葉をいただき、痛み入ります。

自分には過ぎた褒め言葉を言われた場合、「え、本当
ですか？」とか「全然そんなことないです」と謙遜し
て相手の言葉を強く否定するより、恐縮する気持ちを
表したほうが好印象を与えるでしょう。「そんなにも
褒めていただき、恐縮です」という気持ちを伝えるほ
うが、感じがよいものです。

ご自身も大変なときに対処していただきまして、
痛み入ります。

相手に悪いな、申し訳ない、という気持ちを伝えると
き、つい「すみません」と言ってしまいがち。「痛み
入ります」を使うことで、より丁寧に相手へ感謝と恐
縮する気持ちが伝わります。

ご返信、痛み入ります。

通常のメールのやり取りや電話の対応で、相手からの
返事に対するお礼に「痛み入ります」を使うのは少々
大げさ。「ありがとうございます」で事足ります。
「痛み入ります」を使って返信するなら、「丁重なご返
信をいただき、痛み入ります」と、「いただき」をつ
けるほうが丁寧な文章になります。

22

うれしゅうございます

類……うれしく思います　うれしく存じます
意……うれしい気持ちを伝える言い回し

目上の相手に一目置かれるお礼の言葉

　形容詞「うれしい」の後に「ございます」をつけた言い回し。

「うれしく存じます」では表現が堅苦しいと思われるときに使います。書き言葉として丁寧な印象を与え、しっくりくるので、お礼のメールやはがきを送るときに最適です。

　ちなみに、「うれしゅうございます」のほかに、「しゅうございます」を使うパターンとしては、以下のものがあります。

楽しい	→	楽しゅうございます
美しい	→	美しゅうございます
おいしい	→	おいしゅうございます
悲しい	→	悲しゅうございます
悔しい	→	悔しゅうございます
恐ろしい	→	恐ろしゅうございます

久しぶりにお目にかかれて、うれしかったです。
　　　うれしゅうございました ←

　「うれしかったです」では幼稚な印象を与える可能性が。会話でもメールでも「うれしゅうございます」は古めかしくて使いづらい印象を受けるかもしれませんが、目上の相手へ

23

の丁寧な言葉として使えば、一目置かれること請け合いです。

 幅広い世代の方々と一緒に仕事ができるのは大変うれしゅうございます。

> 友人同士のメールでは、会話と同じ調子でくだけた表現も使われますが、ビジネスメールでは相手に失礼にならないきちんとした書き言葉が求められます。客先や目上の相手に対しては適宜「うれしく存じます」「うれしゅうございます」などを使いましょう。

おかげ

類……援助　加護　庇護　恩恵
意……ほかから受けた力添えや恩恵への感謝

親切や助けに感謝を込めて

「相手が何かしら力を貸してくれたことで良い結果を得ることができた」という感謝の意を伝えるときに使います。

　古くは、神仏などの偉大なものの「陰」でその恩恵や助けを受ける、という意味合いで使われていました。「おかげ」を丁寧に言うと「おかげさま」になります。

　人は一人でできることには限界があり、他人とつながることで、より大きな成果や結果を出すことができます。見守ってくれている人、気に留めてくれている人、手を差し伸べてくれる人への感謝の気持ちが「おかげさまで」「〜のおかげで」というフレーズに込められています。

無事に50周年を迎えることができましたのも、社員の皆さまの日々の努力によるものと感謝しております。

└→ **のおかげ**

力を貸してくれたり、力を尽くしてくれた相手がいたからこその、現在の結果や成果を得ることができた、という意味で「おかげ」を使います。

○ **おかげさまで、退院後は順調です。**

「調子はどう？」と聞かれたとき「おかげさまで元気にしております」と返答するように、とくに恩恵を受けていない相手に対しても、あいさつの言葉として用いることもあります。

○ **ありがとうございます。おかげさまで、コンクールに入賞することができました。**

尽力してくれた相手に対して「おかげで」を使うのは丁寧さに欠けるので、より一層の感謝の気持ちを込めた「おかげさまで」を用いるのが適切です。

○ **好天のおかげで、アウトドアグッズの売上が伸びました。**

「〜のおかげで」は、良い結果とその原因をつなぐ言葉です。

○ **プレゼンが成功したのも、ひとえに部長にご指導いただいたおかげです。**

○ **これもひとえに、ご協力くださった皆様のおかげです。**

「ただただ、まったく、本当に」という意味の「ひとえに」は、「おかげ」と一緒によく使う言葉です。

25

遅ればせ

類……遅くなりましたが
意……タイミングを逃すこと　物事をする適切な時機に遅れること

お礼が遅くなってもあきらめないで

　漢字で「遅れ馳せ」と書くとおり、遅れて馳せ参じること。「遅ればせながら」とは、肝心なときに人より遅れて駆けつけることを意味します。

　お礼を言うべき最も良いタイミングは逃してしまったけれど、感謝の気持ちを伝えたいときに用いる言い回しとして、重宝します。

かなり時間が経ってしまいましたが、お礼申しあげます。
└──→ **遅ればせながら**

> タイミングを逃してお礼を言うのが遅くなってしまったとき「遅ればせながら」の一言を添えてからお礼を述べます。

○ **遅ればせながら、お礼まで。**

> すぐに連絡ができず、お礼が遅くなった場合に使えるメールの結びのフレーズ。遅くなったからといってそのままにせず、感謝の気持ちは後からでも伝えたほうがいいですね。

○ **遅ればせながら、新年のごあいさつを申しあげます。**

遅ればせながら、ご就職おめでとうございます。

お礼の連絡以外でも、新年のあいさつやお祝いなどの
連絡が遅くなった場合にも用います。

恐れ入ります

類……痛み入ります　恐縮です
意……誠にありがとうございます

目上の相手からの身に余る厚意への感謝を伝える

「恐れ入る」は、相手の厚意に対して、ありがたいと恐縮
する気持ちを伝える言葉。そして、目上の相手に感謝の言
葉を伝えるときのフレーズが「恐れ入ります」です。厚意
に感謝しつつも、自分にはもったいないと恐縮する気持ち
が込められています。

**私には過ぎたお褒めの言葉をいただき、どうもすみ
ません。**　　　　　**誠に恐れ入ります**←

「すみません」は、感謝の気持ちを伝えるときにも使えて便
利なのですが、目上の相手からの厚意や配慮に対する言葉
としては十分とは言えません。感謝や恐縮する気持ちを伝
えるときは、「恐れ入ります」を用いるほうが丁寧で、真意
がきちんと伝わります。

 弊社のためにお骨折りいただき、恐れ入ります。

上司や先輩が自分のために配慮してくれたり、力を貸
してくれたりしたときの感謝の言葉が「恐れ入ります」

お礼・感謝

断り・拒否

謝罪・反省

依頼・提案

紹介・仲介

意見・抗議

謙遜・配慮

称賛・評価

報告・連絡

贈答

もてなし

感情に訴える

ですが、会社と会社のやり取りでも使います。客先に対して、感謝の意を伝える丁寧な言い回しとして用います。

 丁寧なご礼状をいただき、**恐れ入りました。**

相手の能力に感心し、参ったと思うときに用いるのが「恐れ入りました」で、過去の出来事への感謝の意を伝えるために用いるのは不適切。「恐れ入ります」とするか、「御礼申しあげます」が適切です。

Tips

「すみません」で済ませない

「すみません」は、動詞「済む」を打ち消した「済まぬ」の丁寧語「済みませぬ」が元の形と言われ、仕事や作業が「済まない」＝終わらないことから、あるいは気持ちが収まらない、気が済まない、という意味合いで使われるようになった言葉。

相手に失礼なことをしてしまい、申し訳なく思う気持ちから「すみません」を使いますが、感謝の気持ちを伝えたり、願い事をしたり、問いかけるときにも使います。

ただし、相手へ感謝の気持ちを伝える場合は「すみません」よりも「恐れ入ります」のほうが、より丁寧で改まった印象を与えます。

御の字

類……万々歳　大満足
意……大いにありがたい

お礼・感謝

断り・拒否

謝罪・反省

依頼・提案

紹介・仲介

意見・抗議

謙遜・配慮

称賛・評価

報告・連絡

贈答

もてなし

感情に訴える

予想以上の結果となり、ありがたく思うときに

「御の字」とは、望んだことがかなって十分満足し、大いにありがたい、という意味。そのため、「謝恩」「恩恵」に使われる「恩の字」と間違いやすいですが、「恩」ではなく「御」です。

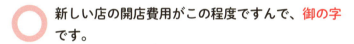

どこの席であろうと、予約が取れただけで超ありがたいです。　　　　　　　　　　　御の字 ←

「御の字」は、尊敬や丁寧の気持ちを表す「御」という字をつけたくなるほど、ありがたいという意を表します。

○ **新しい店の開店費用がこの程度ですんで、御の字です。**

結果に対して十分満足している、ありがたく思っているという意で使うのが「御の字」です。

× **定員には達しなかったが、参加者がいるだけでも御の字としなければ。**

例文のように、望んだ結果ではないが、一応、納得できるという意味で「御の字」を使うのは適切ではありません。望みがかなって十分満足できる状態のとき使うのが「御の字」です。この場合は、「定員を超える参加があり、御の字」という使い方をします。

気遣い

類……心配　配慮　気に留める

意……あれこれと気にかけること

相手の配慮に対する感謝や遠慮の気持ちを伝える

　何かしら相手が配慮してくれたことへの感謝の気持ちを伝えるとき、「ありがとうございます」の前に「お気遣いいただき」を添えると、何に対する感謝なのかが相手に伝わります。「お気遣い」を「お心遣い」と書きかえてもよいでしょう。

　また、心配してくれている相手を安心させるときや、相手からの申し出や手助けを遠慮するときにも使う定番フレーズです。

　　　　　　　　　　　　　　┌→ お気遣い

病気療養中はいろいろとご心配いただき、ありがとうございます。すっかり元気になりました。

> どんな小さなことでも、相手が何かしてくれたことへのお礼を言うときに「お気遣いいただき」を添えます。

○ **お気持ちだけありがたく頂戴します。どうぞお気遣いなく。**

> 相手の厚意や贈答品を遠慮するときも「お気遣いなく」が使えます。「いいです」「結構です」と返すより、相手に不快感を与えない言い回しなのでおすすめです。「お気遣いなさいませんように」と言いかえることもできます。

○ **こちらで対処いたしますので、ご心配には及びません。そのようなお気遣いは無用です。**

> 感謝の気持ちを伝える以外に、相手からの必要以上の干渉や勧誘に対してピシャリと断りを入れる際は「お気遣いは無用です」という言い方もあります。

心にかける

類……気にかける
意……覚えておいて、気にする

いつも見守ってくれている人に対して

　遠く離れていたり、しょっちゅう顔を合わせたりする間柄でなくても、折に触れ、優しい言葉をかけ、思いやりのある対応をしてくれる人がいるものです。目上の相手や自社をひいきにしてくれている客先に対して、感謝の気持ちを伝えるときに「お心にかけていただき」を使います。「かける」には「動かないように止める」という意味があります。

> **会長にはいつもお世話になっており、感謝しています。**
> ➡️お心にかけていただき
>
> 何かと気にかけてくれる目上の相手へのメールの最初や最後に「いつもお心にかけていただき、ありがとうございます」という一文を添えると、日頃の感謝の気持ちが伝わります。

旅先でもお心にかけていただき、ありがとうございます。

目上の相手から旅行の土産をもらったときのお礼に使える一文。

断り・拒否
謝罪・反省
依頼・提案
紹介・仲介
意見・抗議
謙遜・配慮
称賛・評価
報告・連絡
贈答
もてなし
感情に訴える

謹んで
つつし

類……恐れながら
意……うやうやしく、かしこまって

敬意を込め、うやうやしく感謝の意を伝えるときに

「謹む」は、かしこまる、礼を尽くすという意の動詞。「謹む」の連用形に接続助詞「て」のついた「謹みて」の音が変化したのが「謹んで」です。

> 50周年式典にお集まりいただいた皆様に、敬意を表してお礼申しあげます。　　　**謹んで**←
>
> 「謹んで」は、形式的、儀礼的な言い回しとして、改まった場面でよく用いられます。

○ **このたびのプロジェクトへの参加メンバーに、謹んで感謝の意を表します。**

感謝の気持ちだけでなく、相手に対する敬意を込めた言い回しが「謹んで」です。「謹んで」に続く一文として「感謝申しあげます」のほかに「感謝の意を表します」という言い方もあります。

Tips

「謹んで」か、「慎んで」か？
つつし

「慎む」は控えめにするとか、抑制すること。「謹む」は、かしこまる、礼を尽くすこと、という意味の違いがあります。相手に謝意や祝意を表す場合は「謹んで」を使います。

お礼・感謝

断り・拒否

謝罪・反省

依頼・提案

紹介・仲介

意見・抗議

謙遜・配慮

称賛・評価

報告・連絡

贈答

もてなし

感情に訴える

　ほかにも年頭のあいさつでは「謹んで新年のごあいさつを申しあげます」、弔事の場合は「謹んでお悔やみを申しあげます」のように、さまざまな改まった場面で用いるのが「謹んで」です。

引き立て

類……愛顧　芳情　高配　つき合い
意……ひいきにして、とくに世話をすること

得意先に使う定番フレーズ

「引き立て」は特別に目をかけたり、世話をしたりすることを指します。ほかにも、相手を励まして元気を出させる、という意味もあります。

　得意先に対して「お引き立ていただき、ありがとうございます」のように使います。

いつもひいきにしていただき、ありがたく存じます。
　　　┗→お引き立てにあずかりまして

　自分や自分が所属する会社や店舗などを、ひいきにしてくれる相手に感謝の気持ちを伝えるときは、「お引き立てにあずかり」「お引き立てを賜り」という言い回しを使います。

○　今後も変わらぬお引き立てを賜りますようお願い申しあげます。

33

○ このたび新店舗をオープンする運びとなりました。女性に優しいサービスを提供してまいりますので、**お引き立てのほど**、よろしくお願いいたします。

顧客に「今後もご愛顧ください」と継続したつき合いをお願いする文面。「お引き立て」を「おつき合い」と言いかえてもよいでしょう。

ひとえに

類……まったく　本当に　もっぱら
意……原因や理由、条件などが、それに尽きる様

感謝の対象を強調するときに添える言葉

「ひとえに」は、ただそれだけが原因・理由であることを強調する気持ちを表す言葉。ひときわ程度がはなはだしいことを意味する名詞「ひとえ」に、格助詞「に」をつけ、副詞として用います。

　ひたすらという意味もあり、結びの文として「ごひいきのほど、ひとえにお願い申しあげます」「皆様のご健勝をひとえにお祈り申しあげます」のように使います。

なんだかんだいっても、先輩のアドバイスのおかげです。　┗━➡**ひとえに**

相手の助けがなければ、今の結果や成果を得られなかったと感謝の意を伝えるとき、「ひとえに〜のおかげ」という使い方をします。

お礼・感謝

断り・拒否

謝罪・反省

依頼・提案

紹介・仲介

意見・抗議

謙遜・配慮

称賛・評価

報告・連絡

贈答

もてなし

感情に訴える

 これもひとえに佐藤部長のお力添えによるものと、深く感謝しております。

上司の指導、支援があったからこそ、このような良い成果を残せた、という感謝の気持ちを伝える一文。「これもひとえに〜によるもの」で、相手の存在を際立たせます。

 創立20周年を迎えることができましたのも、ひとえに皆様のご支援のたまものと感謝いたしております。

式典や祝いの席のあいさつで覚えておくとよい定番フレーズが「ひとえに皆様（方）のご支援のたまもの」です。

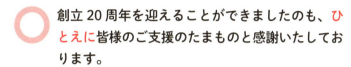

ひとかたならず

類……大変　格別な　この上なく
意……ひと通りでなく、はなはだ

相手からの格別な恩恵に対する感謝を伝える

　通り一遍ではない世話や恩恵を受けている相手に対して、感謝の気持ちを伝えるときに用います。
「ひとかた」とは、普通の程度のことで、「ひとかたならず（ぬ）」は、普通通りではない、並ひと通りではない、という意味。
「格別な」という意味で、「ひとかたならず驚いた」「ひとかたならぬ思いがある」という使い方もします。

尋常ならざるご支援をいただき、心からお礼を申しあげます。 ┗→ **ひとかたならぬお引き立てをいただき、**

大仰な表現にしなくても思いは伝わります。客先への定番フレーズとして冒頭のあいさつとして使われます。

 広島支店に在勤中はひとかたならぬお世話になりましたこと、改めてお礼申しあげます。

異動のあいさつで、お世話になった相手への感謝の意を述べる文例。年賀状でも「旧年中はひとかたならぬご愛顧を賜り」というフレーズがよく使われます。

骨折り

類……尽力　手数をかける　骨身を惜しまず
意……人のために力を尽くすこと

感謝とともにねぎらいの気持ちを伝える

　困難で苦労すること、面倒な事柄を「骨が折れる」と言います。一方、労苦をいとわず精を出して仕事に励むこと、面倒がらずに努力することは「骨を折る」と言います。相手のことを思い、力を尽くすことが「骨折り」です。

　翻って相手が骨を折って奔走し、協力や支援をしてくれたとき、「お骨折りいただき」と感謝とねぎらいの気持ちを伝えます。

お骨折りいただいた ←┐
危機的状況を打開するために、これまで協力してく

お礼・感謝
断り・拒否
謝罪・反省
依頼・提案
紹介・仲介
意見・抗議
謙遜・配慮
称賛・評価
報告・連絡
贈答
もてなし
感情に訴える

ださったすべての方々にこの場をお借りして、お礼を申しあげます。

> 改まった席や文書で、力を尽くしてくれた関係者やメンバーに感謝の念を伝えるときにふさわしい言い回しです。

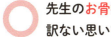 先生のお骨折りに応える結果が出せず、大変申し訳ない思いです。

> 感謝の意を表す以外にも、相手の尽力に見合う結果が出せず詫びる場合にも使います。

身に余る

[類]……不相応　身に過ぎる　過分な
[意]……自分の実力・値打ちや身分以上のこと

自分にはもったいない、恐れ多いという気持ちを伝える

　自分には不相応と思えるような褒め言葉や祝いの言葉をもらったとき、喜びより恐れ多い気持ちが勝る心境を表します。

　　　　┌── は身に余る
新人の私に↓お褒めの言葉を会長からいただき、恐縮するばかりです。

> より恐縮した心情を相手に伝えたいときに用います。

 このような栄えある賞をいただき、身に余る光栄でございます。

37

自分には不釣り合いで恐れ多い、もったいないと感じる称賛や祝福を受けたときに用います。正面から称賛を受け取るのは遠慮のない人として見られることもあるので注意しましょう。

冥利に尽きる

<ruby>冥利<rt>みょうり</rt></ruby>

類……この上なくありがたい　〜でよかった　冥加に余る
意……ある状態にあることから受ける恩恵

立場や職業を通じて最高に幸せを感じるときに

　もう、これ以上の幸せはないというほどありがたい、という状態を指します。

「冥利」とは、元は仏教用語で、仏が知らず知らずの間に与える利益のこと。そこから転じて、人が知らず知らずのうちに神仏や人から与えられる恩恵や恵みを指すようになりました。

> **当社の製品が世界に認められたことは、開発者としてうれしすぎる出来事です。**
>
> **→ 開発者冥利に尽きる**
>
> その立場にいる者として、これ以上の幸せはない、という意を表すときに用いるのが「〜冥利に尽きる」。その仕事をしてきてよかった、という喜びを表します。

利用者から予想をはるかに超える反響があり、制作者冥利に尽きる、と感じています。

お礼・感謝

断り・拒否

謝罪・反省

依頼・提案

紹介・仲介

意見・抗議

謙遜・配慮

称賛・評価

報告・連絡

贈答

もてなし

感情に訴える

自分が携わった仕事で、利用者からの反響という手応えを感じたとき、やりがいや金銭には代えられない喜びや幸せを感じる、という意で「冥利に尽きる」を用います。制作中の苦労が報われる瞬間といえます。

Column
1

新年のあいさつ

以下の文には、各行に1つずつ間違いがあります。探してみましょう。

① 新年明けましておめでとうございます
② 去年はたいへんお世話になりました
③ 本年も、どうぞよろしくお願いいたします
④ 寒さ厳しき折、お体ご自愛ください
⑤ 一月元旦

①行目の間違い

「明ける」とは「旧年から新年になる」という意のため、「明けまして」だけでよく、前に「新年」がくると意味が重なることになります。

「新年おめでとうございます」または「明けましておめでとうございます」が適切な使い方です。

②行目の間違い

「去」は「失う」「滅びる」と並ぶ忌み言葉なので、年賀状にはふさわしくありません。「昨年」「旧年」とするのが適切です。

③行目の間違い

年賀状には句読点をつけません。新年のあいさつは"区切り"をつけないことから、句読点を使わないのが通例です。

④行目の間違い

「自愛」とは「自分自身を大切にする」こと。つまり、「ご自愛ください」だけで「お体に気をつけてくださいね」という意味を含むので、「お体」は不要です。「ご自愛ください」のほかにも、以下を用いることができます。

　くれぐれも御身おいたわりください（お体を大切に）
　お体をお厭いください（「厭う」とは「嫌う」の意。自分に害をなすものを嫌って避ける）

⑤行目の間違い

「元旦」の「旦」は夜明けや早朝を意味し、「元旦」とは「元日の朝」のこと。「一月元旦」ではなく「一月一日」とするか、「元旦」とします。「元旦の夜に」とは言わないので、「一月一日の夜に」とします。

お礼・感謝

断り・拒否

謝罪・反省

依頼・提案

紹介・仲介

意見・抗議

謙遜・配慮

称賛・評価

報告・連絡

贈答

もてなし

感情に訴える

2 断り・拒否

相手の依頼や勧誘を断りたいとき、「無理です」と拒絶すると角が立ちます。相手の顔を立てつつ、きちんと意思表示する言い回しを紹介します。

あいにく

類……折悪しく　間が悪い
意……ちょうどそのときに都合が悪い様子

不都合な状態を示すときに

　相手の依頼に応えられないときに添えるとよい一言が「あいにく」です。意に反して不都合な状態にあることを指します。

┌→ **あいにく**

ちょうど他の案件と重なっておりまして、対応できなくてすみません。

　　　┌→ **お役に立てず申し訳ありません**

「無理」「できない」とただ断るだけでなく、「あいにく」を添え、断る理由を伝えます。また、対応できないからといって「すみません」で片づけず、「お役に立てず申し訳ありません」とすると丁寧な表現になります。

41

あいにくその日は午後から出張のため、午前中に打ち合わせをお願いできますか？

「午後から出張なので、無理です」とはっきり断ると拒絶の印象しかなく角が立ちますが、緩衝材になる「あいにく」を使うと表現の角が取れ、文の印象がやんわりします。ただ断るだけでなく「午後は難しいが、午前は大丈夫」と代替案を提示することを心がけましょう。

Tips

「お役に立てず申し訳ありません」

相手の要望や意向に添えないことを申し訳なく思う気持ちを伝えるときは「お役に立てず申し訳ありません」「お役に立てず恐縮です」という言い回しを覚えておくとよいでしょう。

断る際には「申し訳ありません」で終わらせず、「ご要望に添えず」「せっかくお声掛けいただきましたのに」と、一言添えると相手に悪い印象を与えません。

いかんせん

類……残念にも　残念ながら　どうしようにも
意……どうにもならないことに

なすべき手段が見当たらないときに

「いかにせむ」が変化したのが「いかんせん」です。「良い方法が見いだせず、どうしようもない」と途方に暮れる

状態を指します。

したがって、「なんとかしたいけれど、自分の力が及ばない状況であきらめざるを得ない」「自分はそうしたくても実行できる立場にない」といった無念さを伝えるときに使います。

→ **いかんせん**

さすがに期日までに時間がなく、対応しきれません。

> 現実問題として、手のほどこしようがない状況であることを「いかんせん」を使って伝えます。「さすがに」だと、責任逃れ、他責の気配を感じ取る人もいるかもしれないので言いかえたほうがいいでしょう。

○ **いかんせん今の私の立場では、これ以上、現場のスタッフを増やすことはかないません。**

> 気持ちのうえではぜひとも実行に移したいところだが、自分の立場ではそれが不可能であることを伝える場合も「いかんせん」を使います。

いかんともしがたい

類……なす術がない　打つ手がない
意……どうにもしようがないこと

どうにもできない状況を相手に訴えるときに

なんとかしたいけれど、自分の力ではどうにもならない。そんなときに用いる言葉です。相手に自分の窮状を訴えたり、依頼を断ったりするときに用います。

お礼・感謝
断り・拒否
謝罪・反省
依頼・提案
紹介・仲介
意見・抗議
謙遜・配慮
称賛・評価
報告・連絡
贈答
もてなし
感情に訴える

いくら先輩からの頼みでも、こればかりは無理なので、ご勘弁願います。 いかんともしがたい ←

「無理です」「もうだめです」は投げやりな印象を相手に与えかねません。試行錯誤や検討の末に至った結論であることを醸し、切羽詰まったギリギリの状態にあることを納得してもらいます。

私の力ではいかんともしがたい**状況で、対応できません。**

解決しようにも手だてがないとき、八方ふさがりの困った状況を「いかんともしがたい」を使って訴える一文です。

くみ取る

類……理解する　斟酌する

意……推察する

やんわりと断るときに

　文字通り水や液体をくんで取り出すことですが、相手の気持ちや事情を思いやるという意味もあります。

　どうにもならない事情があり、やむを得ず断る苦しい気持ちを察してください、という場合に「おくみ取りください」という言い回しを使います。

いかんともしがたい事情でお断りしますこと、本当に申し訳ございません。 おくみ取りください ←

「断る理由についてはっきり言えないが、どうか察してください」という婉曲な言い回し。「申し訳ございません」より多くのことが伝わります。

○ **あいにく弊社には対応できるだけの技術がございません。どうか事情をおくみ取りください。**

対応できない理由をはっきり示した後、「おくみ取りください」というフレーズで締めくくることで、「これ以上言わせないでください」というアピールになります。

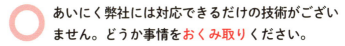

心苦しい

類……気がとがめる　申し訳ない
意……すまないと思う気持ち

断ってすまない、という気持ちを伝えるなら

自分を誘ってくれたり、当てにしてくれたりしたことに応えられないときに、申し訳ないという気持ちを「心苦しい」という言葉を添えることにより伝えます。

とても残念なのですが、今回は参加を見送らせていただきます。└→ 心苦しい

断るこちら側も心を痛めていることを伝えることで、直接的な断り方よりも角は立ちません。

○ **せっかくご依頼いただきましたのに、当社の事情でお断りせざるを得ず、心苦しい限りです。**

お礼・感謝
断り・拒否
謝罪・反省
依頼・提案
紹介・仲介
意見・抗議
謙遜・配慮
称賛・評価
報告・連絡
贈答
もてなし
感情に訴える

「限り」を添えることで、本当に申し訳ないという心情を強調できます。

心ならずも

類……やむを得ず　やむなく　不本意ながら
意……自分の本意ではないけれど、しょうがなく

どうしても期待に応えられないときに

　断るときに使うことで、「事情があって、どうしてもそれができない」という含みを伝えます。

　また、相手の期待に応えられなかったときや自分の思いに反して相手に迷惑をかけてしまったときに使う言葉でもあります。

> **どうしようもなく、このたびの出展は見送ることにしました。**　➡ **心ならずも**
>
> 例年、出展していた展示会に、今回は出展しないと断りを入れる場合の例。相手からの期待や当てを無にすることになるため、「今回は出展しません」というストレートな言い回しは避け、「心ならずも」「見送る」という間接的な表現を使います。

○　佐藤部長から直々にお声掛けいただいたのですが、**心ならずも**お断りした次第です。

○　私の発言で、**心ならずも**多くの方を傷つけたことをお詫びします。

詫びる場合にも「心ならずも」を使います。自分ではそんなつもりはなかったのに、気持ちに反して悪い結果になってしまった、という心情を伝えます。

先立つもの

類……お金　資金
意……「お金」の婉曲な言い方

「お金」と言いにくいときに

「お金」とダイレクトに言うのがはばかられるときに使います。

「先立つ」には、何かを行ううえで最初に必要なもの、という意味があります。

協力したいのはやまやまですが、〜お金が足りません。

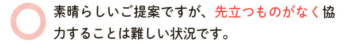

先立つものがございません

知り合いからの「お金を貸してもらえないか」「資金を工面してもらえないだろうか」という申し出は断りにくいもの。「お金がないので」では直接的すぎるので、「先立つものがございません」と、丁寧かつきっぱりと断りましょう。

素晴らしいご提案ですが、先立つものがなく協力することは難しい状況です。

十分な資金や予算がなく、対応できないという場合は「先立つものがなく」を使い、その後に「〜は難しい状況です」「〜できません」と断りを入れます。

お礼・感謝
断り・拒否
謝罪・反省
依頼・提案
紹介・仲介
意見・抗議
謙遜・配慮
称賛・評価
報告・連絡
贈答
もてなし
感情に訴える

なす術もない

類……打つ手がない　いかんともしがたい　不可能
意……どうすればいいのか、手段や方法がない

なんとかしたくても、どうにもならないときに

　漢字を当てはめて書くと「為す術」。「為す」は「する・行う」、「術」は「手段・方法」を意味します。

　つまり「なす術もない」は、抗えない力が働き、手に負えない状況を訴えるときに用います。

> **台風で流通がストップしてしまい、どうしようもなく、頭を抱えています。** 　　　　　**なす術もなく ←**
>
> 　自然災害など、人の手でどうすることもできない状況をあげ、対応が不可能なことを伝える一文。

○ **考えられる対策はすべてやり尽くしており、これ以上なす術はない状況です。**

> 　「なす術もない」のほかに「なす術はない」という言い方もあります。ほかに手立てがないときに用います。

Tips

「為す」と「成す」の違いとは？

　同じ「なす」でも意味が異なる場合があります。「為す」は「する」「行う」という意味なのに対し、「意味を成す」「成し遂げる」などの「成す」は「仕上げる」「つくり上げる」という意味になります。

お礼・感謝

断り・拒否

謝罪・反省

依頼・提案

紹介・仲介

意見・抗議

謙遜・配慮

称賛・評価

報告・連絡

贈答

もてなし

感情に訴える

　したがって、「やればできる」という意味の慣用句「なせばなる」の場合は、すべて漢字にすると「為せば成る」となります。ちなみに新聞などでは、「為す」は「なす」とひらがなで、「成す」は漢字表記というのが一般的なようです。

荷が勝つ

類……荷が重い
意……力不足、能力が足りないこと

自分には無理！　というときに

「依頼された案件の負担が重い」「任された役割の責任が重大で自分の力量では背負いきれない」というときに断る理由として「荷が勝つ」を使います。裏を返せば「力が足りない」ということです。

> **このたびのプロジェクトリーダーのお話は、私には無理です。とても務まりそうにありません。**
> 　　　┗━➡ 荷が勝ちます
>
> これまで数多くの実績をあげてきたビジネスパーソンほど、一見無理に見える困難を突破してきたという自負があるものです。そのため、「無理」という言葉に拒否反応を示す人は少なくありません。
> 当然、「無理なものは無理」ということもありますが、別の表現でオブラートに包んだほうが無難です。

弊社には対応できる人材が不足しており、この仕事は荷が勝ちます。

個人間のやり取りだけでなく、会社の場合でも対応能力を超える依頼に対して断りを入れる場合は、「無理です」の代わりに「荷が勝つ」を使うとよいでしょう。

 プロジェクトリーダーの仕事は、私には役不足です。

「役不足」は、本人の力量や能力に対して役目が軽すぎるという意味。自分の力量に対してプロジェクトリーダーという役目が重すぎる、という場合は「力不足」や「荷が勝つ」を使います。

自分では謙遜のつもりで「私には役不足です」と返答しても、相手には不遜と受け止められてしまう可能性もあるので、使い方を間違えないように注意しましょう。

 斎藤さんの処理能力を考えると、その業務は役不足だと思います。

にっちもさっちも

類……どうにもこうにも　後へも先へも行かぬ
意……行き詰まって動きがとれないこと

身動きがとれない困った状況のときに

そろばんで、2割る2を「二進（にっち）」、3割る3を「三進（さっち）」と呼び、2や3で割り切れないことを「二進も三進もいかない」と言うことから転じた言葉。

　物事が行き詰まって身動きがとれない状況を伝えるとき
に使います。

→にっちもさっちもいかない

業務が集中して、ほかのことに手が回らない状況が
続いており、お断りせざるを得ません。

> 時間や労力のやりくりをしようにも、それができないほど
> 行き詰まっている状況を知らせるときに「にっちもさっち
> もいかない」を使います。

 問題が山積みで、にっちもさっちもいきません。

> 前に進もうにも解決しなければならない問題があまり
> にも多く、物事が動かない様子を伝える一文。

二の足を踏む

類……しりごみする　ためらう　決めかねる
意……どうしようかと迷うこと

もう一歩が踏み出せない心境を語る言葉

「一歩目は進むけれど、二歩目はためらって足踏みする」
という意から、決断できずに行動をためらうこと、しりご
みすることを指します。

　あと一歩を踏み出す決断ができないのは、相応のマイナ
ス要素も考えられるからです。決断、実行することでプラ
スよりマイナスの結果となる可能性が高いときの心境を伝
えます。

このたびのお話、お受けしたほうがよいものか、迷っています。 →二の足を踏んで ←

> 「迷っています」と言われた相手は、引き受けてもらえる可能性をイーブンか、下手をすればそれ以上ととらえる場合もあるかもしれません。誤解を生まないためにも、「二の足を踏む」を使うことで、決断に至らない大きなマイナス要因があり、可能性としては著しく低いことを暗に伝えましょう。

◯ **入居に二の足を踏むのは、遠方なうえに入居費用が高額だからです。**

> 断るために、決断できない理由をあげるときにも「二の足を踏む」を使うことができます。

抜き差しならない

類……のっぴきならない　八方ふさがり
意……処置の施しようがない

身動きがとれないときに

　ピンチの度合いが高まり、深刻な様を表すときに「抜き差しならない」を用います。
「抜き差し」とは、抜き出すことと差し込むこと。それがうまくできず、どうにもならない状態です。

　　　　　→抜き差しならない
委員会がまずい状況に追い込まれており、これ以上活動を続けるのは困難です。

お礼・感謝

断り・拒否

謝罪・反省

依頼・提案

紹介・仲介

意見・抗議

謙遜・配慮

称賛・評価

報告・連絡

贈答

もてなし

感情に訴える

すぐに解決策が見つかるような状況ではないことを「抜き差しならない」を使うことで伝えます。「まずい」でも状況は伝わるでしょうけれど、社会人として表現が幼稚な印象を与えてしまいます。

○ **抜き差しならない**事情があり、今回の出演は辞退いたします。

「詳しくは言えないが、深刻な問題や事情を抱えていること」を「抜き差しならない」という言葉で伝えます。

のっぴきならない

類……抜き差しならない　進退きわまる
意……逃れることができない、どうにもならない

どうにもならないことを一言で言い切る

　話せば長くなる込み入った事情があり、予定していた会合やイベントを欠席せざるを得ないときに、「のっぴきならない」を使うことで、理由を詳しく語る必要がなくなります。

どうしようもない事情があり、今日の交流会は欠席します。　　└→**のっぴきならない**

予定を変更せざるを得ないほどの事情であることを暗に伝える言葉が「のっぴきならない」です。詳しく説明する時間がないときに使うとよいでしょう。

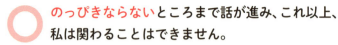

のっぴきならないところまで話が進み、これ以上、私は関わることはできません。

　退くことも固辞することもできないときに使います。

不調法
ぶ ちょうほう

類……無調法
意……酒や芸事にたしなみがないこと

飲めないお酒をすすめられたときの断り方

「不調法」には、手際が悪い、過失や不始末という意味もありますが、相手にお酒をすすめられて断るときの婉曲な言い方として「不調法でして」「不調法でございますので」を使います。

ビールも焼酎もお酒は全然飲めません。
　　　　　　　　→からきし不調法でして

　酒席で相手からお酒をすすめられたとき「無理です」「飲めません」とストレートに断ると座がしらけるので、「不調法」を使い、やんわりと断る言い方を知っておくとよいでしょう。

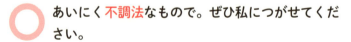

あいにく不調法なもので。ぜひ私につがせてください。

　相手からすすめられたお酒を断る代わりに、自分から相手にすすめ返すと場の雰囲気を壊しません。

 佐藤課長は酒に不調法だそうですね。

お礼・感謝

断り・拒否

謝罪・反省

依頼・提案

紹介・仲介

意見・抗議

謙遜・配慮

称賛・評価

報告・連絡

贈答

もてなし

感情に訴える

「不調法」は自分自身で酒が飲めないことをへりくだって言う言葉。相手のことを「不調法」とは言いません。お酒のほか、ゴルフや麻雀などについても同様です。

見送る

類……差し控える　見合わせる
意……実行するのをやめて、しばらく様子を見ること

今はひとまずやめておく、という言い回し

　今、実行するのは不利と考え、そのままにしておくことを「見送る」といいます。相手からの提案を断るとき、今回は採用できないが、次回以降もそうとは限らないという婉曲な言い回しです。

　きっぱりと断らず、相手との関わりを壊さないようにやんわりと断る場合に用います。

残念ですが、今回はお断りいたします
　　　　　└──▶見送ることに

> 話し言葉と違い、メールの文はストレートな表現を使うときつい印象を与えがち。婉曲な「見送る」や、「残念ですが」といった心情を表す表現を取り入れると、文の印象が和らぎます。

○ **先日ご提案いただいた件ですが、社内で協議した結果、このたびは見送ることにいたしました。**

> 「お断りします」に代わる言い回しが「見送ることにしました」です。相手からの提案を断るときには、ほ

55

かに「いったん白紙に戻すことにしました」「このた
びは見合わせることにいたしました」という言い回し
もあります。

安請け合い
<ruby>安<rt>やす</rt></ruby>請け合い

類……軽々しく引き受ける
意……よく考えないで引き受ける

引き受けた後のことを考え、理由にする

「安請け合い」すると、自分が困るだけでなく、自分に頼
みに来た人や自分の周りの人たちにも迷惑をかける場合が
あります。

　周囲を巻き込む恐れのある頼み事に対して、先を見越し
て断りを入れるときに使う言葉です。

> **協力会社にも迷惑がかかるので、お引き受けはできま
> せん。** ➡ 安請け合い
>
> 「引き受けるなら責任をもって対応すべき」というこちらの
> 姿勢を「安請け合いはできない」という言葉で表現した断り
> 方。断られた相手も、こちら側の誠実な姿勢に好印象を抱
> いてくれるでしょう。

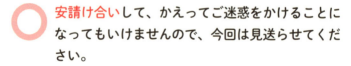

○ **安請け合い**して、かえってご迷惑をかけることに
なってもいけませんので、今回は見送らせてくだ
さい。

> 安易に引き受けて、結局対応できなかった、というこ
> とになっては相手に迷惑をかけることになります。そ

うした恐れや心配があることを伝え、断る言い回し。

 安受け合いをしてもいけませんので、ほかの方を当たっていただけますか。

「受け合い」ではなく「請け合い」と書きます。注意しましょう。

やむなく

類……心ならずも　やむを得ず　涙をのむ
意……仕方なく

断るしかないときに

　形容詞「やむない」の連用形。どうしようもない、やむを得ない、という意味。

　都合や事情があり、断るしかないというときに、「お断りします」「欠席します」などの前につけて用います。

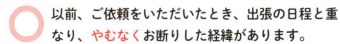

今回はそういうわけで欠席することをご理解ください。　→やむなく

欠席、不参加をせざるを得ない理由を述べた後、この一文で締めくくります。

○ 以前、ご依頼をいただいたとき、出張の日程と重なり、**やむなく**お断りした経緯があります。

過去になぜ断ったかを説明する文。依頼を受けることができず残念であったという気持ちを伝えます。

お礼・感謝
断り・拒否
謝罪・反省
依頼・提案
紹介・仲介
意見・抗議
謙遜・配慮
称賛・評価
報告・連絡
贈答
もてなし
感情に訴える

よんどころない

類……抜き差しならない　致し方ない
意……やむを得ない

込み入った事情を端的に表すなら

「どうにもこうにもならず、仕方がない」という状況のときの言い回しです。

　不可避の事態が発生し、予定や約束を断らなければならないときなどに「よんどころない事情」というフレーズを用いることで、詳細に理由を述べなくても、人が口出しも手出しもできない込み入った状況にあることを暗にアピールできます。

せっかくのお話ですが、もろもろの事情があり、お断りせざるを得ません。　→ **よんどころない**

> 緊急事態、あるいは込み入った事情があり、詳しく説明するのに時間がかかるというようなとき、「よんどころない」をつけ加えます。立ち行かない状況を相手に把握してもらうのに適した表現です。

○　**よんどころない**事情で辞退いたしますこと、どうかお察しください。

> 逆に、「よんどころない」という言い回しを相手が使っている場合は、それ以上は詮索しないほうがいいのだな、と察することも必要でしょう。

お礼・感謝

断り・拒否

謝罪・反省

依頼・提案

紹介・仲介

意見・抗議

謙遜・配慮

称賛・評価

報告・連絡

贈答

もてなし

感情に訴える

3 # 謝罪・反省

お詫びの気持ちを伝える言葉は「すみません」だけではありません。相手にかけた迷惑や心配を詫び、失敗を繰り返さないという意志を伝える言い回しを紹介します。

浅はか

類……浅薄
意……考えが不十分なこと

思慮の浅さが原因というときに

　考えが足りない、思慮の浅い様を指し、「トラブルを招いたのは自分に人を見る目が足りなかったからだ」と反省するようなときに使います。

　もとは、ものの深さや奥行き、考えや思いやりなどの程度が足りないことを意味する言葉でした。

> **彼を信じきっていた私がバカでした。**
>
> → 浅はか
>
> 失敗の原因が自分の思慮の浅さにあることを反省するときに使います。「バカ」はやや大げさ、かつ砕けすぎです。

あだやおろそか

類……いい加減　あだおろそか
意……軽々しく粗末に扱うこと

打ち消して強調

　漢字で書くと「徒や疎か」。「あだや」は空虚で実のない
こと、「おろそか」はいい加減なこと。
「あだやおろそか」の後に「にはできない」「には思って
いない」といった打ち消す語と合わせて使い、軽々しく粗
末にしない、つまり「大事にします」という意味を強調し
ます。

　御社とのお約束は決して破りません。
　　　　↳**あだやおろそかにはいたしません**

　　客先に対して誠意を示す際に使うのが、「あだやおろそか
　　にいたしません」。誤解や行き違いをフォローするときの
　　一文。「破りません」とするよりも古風な表現です。

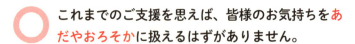　**これまでのご支援を思えば、皆様のお気持ちをあ
だやおろそかに扱えるはずがありません。**

　　　　相手のことを決して軽んじてはいません、という弁明
　　　　を「あだやおろそか」を使って強調します。

60

お礼・感謝

断り・拒否

謝罪・反省

依頼・提案

紹介・仲介

意見・抗議

謙遜・配慮

称賛・評価

報告・連絡

贈答

もてなし

感情に訴える

合わせる顔がない

類……面目ない　面目が立たない　顔向けができない　敷居が高い

意……申し訳なくて、相手の前に出られない気持ち

恥じ入る気持ちを端的に

　自分のせいで人の顔をつぶしてしまったとき、相手への申し訳なさと、自分を恥じる気持ちを伝えるときに使います。

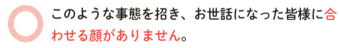

支援者の皆さんの期待に応えることができず、申し訳ございません。 　合わせる顔がありません

> 期待し、応援や協力をしてくれた相手に対して、自分の力のなさを恥じ、顔向けができないと詫びる気持ちを表した一文。

○ **このような事態を招き、お世話になった皆様に合わせる顔がありません。**

> 迷惑をかけた相手に顔向けできないつらい胸の内を伝えるときにも使います。

打つ手がない

類……なす術がない　いかんともしがたい　手も足も出ない

意……取るべき手段や方法がない

万策尽きたときの状態

　話をまとめて解決することを「手を打つ」といいますが、その反対で、解決策がないときに用いるのが「打つ手がない」です。

すべてやり尽くして、これ以上何もできません。
<u>打つ手がありません</u>←

対策がなく、どうしようもない状態を伝える一文。

○ **当社としてももはや打つ手がなく、申し訳ない限りです。**

　　問題を解決するのに有効な対策がとれなかったことを詫びる一文。

○ **ほかに打つ手がないことをどうか、お察しください。**

　　不本意ではあるが、そうするほかに手立てがないことを伝えています。限られた選択肢の中で選ばざるを得ない状況を指すのが「～するほかに打つ手がない」というフレーズです。

返す返す

類……つくづく　心から
意……何度考えても

取り返しがつかないことをした、と悔やまれるときに

　何度も思い返しては、結局一つの考えや思いに行きつ

62

お礼・感謝

断り・拒否

謝罪・反省

依頼・提案

紹介・仲介

意見・抗議

謙遜・配慮

称賛・評価

報告・連絡

贈答

もてなし

感情に訴える

くことや、「あのとき、ああしていればよかった」と過ぎたことが強く悔やまれるときに用いる大和言葉です。助詞「も」をつけ加え「返す返すも」とすることもあります。

事前に上司とよく話し合っておくべきだった、と何度も何度も悔やまれてなりません。

┗━➤ 返す返すも

「返す返す」は過ぎたことを悔やみ、後悔の念に駆られたときに用いられることが多い表現。

○ **返す返す**言って聞かせる。

後悔や反省を伝える一文だけでなく、ある動作を繰り返すさまを伝える際にも用いられます。

顔向けができない

【類】……穴があったら入りたい　心苦しい限り
【意】……申し訳なくて会えない　身の置き場もないほど恥ずかしい

詫びる気持ちの尺度を示す言葉

「すみません」に代わるお詫びの言葉として用います。身の置き場もないほど恥ずかしい、失態をおかして申し訳ないという心情を伝えるときに使います。

多大なご迷惑をおかけし、部長には大変申し訳なく思っております。　顔向けができません ⬅

63

相手に迷惑や心配をかけてしまい、申し訳ないという気持ちを表すときに使います。

 ご指摘いただくまで気づかず、**お恥ずかしい限り**です。

「すみません」に代わるお詫びの言葉として、「顔向けができない」のほかに「お恥ずかしい限り」もあります。「限り」は、ぎりぎりのところにまで達しているという意味。自分のミスや無知を「きわめて恥ずかしい」と反省する気持ちを伝えます。

重ね重ね

類……くれぐれも　幾重にも　心より
意……念を入れること

繰り返し詫びなければ気がすまないときに

　何度も繰り返しお詫びしたいほど、申し訳なく思っている気持ちを伝えるときに用います。

　同じようなことが何度も繰り返される様を「重ね重ね」と言いますが、自分の心情の深さを相手に伝えるために念を押すように強調する言葉です。

改めまして、お客様に多大なご迷惑をおかけしたことを本当にお詫び申しあげます。
　　　　┗→ 重ね重ね

改まった席や場面で丁重にお詫びするときの言葉。

重ね重ねお礼申しあげます。

謝罪の場合に限らず、お礼の気持ちを伝えるときにも「重ね重ね」を使います。

肝に銘ずる

類……心して　骨に刻む
意……心に深く刻みつける

自分への戒めとして

心に強く刻みつけて、忘れないようにすることを意味し、同じ過ちを繰り返さない、という戒めの気持ちを伝えるときに用いる言い回しです。

二度とこのような不手際がないよう注意します。
　　　　　　　　　　　　　　肝に銘じ ←

ミスやトラブル後の対応として、謝罪して終わりではなく、同じ過ちを繰り返さないことを伝えるときに「肝に銘ずる」を使います。

 部長からの忠告を肝に銘じて、今後も対処していきます。

言葉だけではなく態度・行動に移すことを示し、強く反省する気持ちを伝えるのが「肝に銘ずる」です。

お礼・感謝
断り・拒否
謝罪・反省
依頼・提案
紹介・仲介
意見・抗議
謙遜・配慮
称賛・評価
報告・連絡
贈答
もてなし
感情に訴える

心ない

類……思いやりがない　酷い　配慮がない
意……相手の気持を考えずに行動すること

配慮や思慮が足りない言動を省みるときに

　相手に対して心配りや気遣いが足りない対応をしてしまったことを反省するときに用います。

「心ない」には「物事の趣がわからない」という意味があります。風情を感じ、理解する心がないことから、思いやりがない、あるいは思慮や分別がないことも意味するようになりました。

イライラして酷い発言をしてしまったと反省しています。

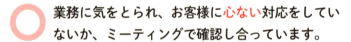
→ 心ない

> 相手を気遣う余裕がなかったことを反省する気持ちを伝える一文。ここで使った「心ない」は、相手を不快にさせるという意味。

○　業務に気をとられ、お客様に心ない対応をしていないか、ミーティングで確認し合っています。

> ここでは、客に対する注意や配慮が足りてないこと、気に留めてないことを「心ない」としています。

お礼・感謝

断り・拒否

謝罪・反省

依頼・提案

紹介・仲介

意見・抗議

謙遜・配慮

称賛・評価

報告・連絡

贈答

もてなし

感情に訴える

言葉が足りず

類……説明不足　舌足らず
意……説明が不十分なこと

相手に伝わってないことがわかったら……

　言葉や表現が不十分で、きちんと言い表せていないことを「舌足らず」と言いますが、それに関連して、説明が不十分なことを「言葉が足りず」「言葉が足らず」「言葉足らず」と言います。

　相手に自分の意図や思いがきちんと伝わらず誤解が生じたような場合、自分の説明が十分でなかったことを認め、詫びるときに使います。相手を責める前に、まずは自分の伝え方に問題がなかったか省みましょう。

私の説明が不十分で、失礼しました。
└→ 言葉が足りず

自分の伝え方が悪く、相手が誤解したり間違えたりしていた場合のお詫びの文例。「失礼しました」の代わりに「申し訳ございません」「お詫びいたします」としてもよいでしょう。

 言葉足らずの説明で、ご迷惑をおかけしてしまい、申し訳なく思っています。

自分の説明不足で相手に迷惑をかけたときの謝罪。

 先ほども説明しましたが……

何度も言いますが……

一度説明したことでも、相手が理解していなければ、自分の伝え方が「言葉足らず」だったとも考えられます。理解していない相手が悪いと決めつけた言い方、書き方には注意を。自分の説明不足を棚に上げ、相手を責めるような物言いは控えましょう。

続けざま

類……連発　立て続けに　矢継ぎ早
意……次から次に起こること

連続して電話やメールをするようなときに

一度電話を切った後、用件を思い出してまたすぐに電話をかけたり、メールを送った後、間髪を容れずに再度メールを送ったりするような状況のときに「続けざまに連絡してすみません」と一言添えて使います。

何回もメールを送ってしまい、恐れ入ります。

→続けざまに

「何回も」「何度も」「次から次に」と書く代わりに「続けざまに」を使ってみましょう。

 続けざまに失礼します。追加の用件があり、ご連絡します。

時間を置かず相次いで連絡を入れる場合、「続けざまに失礼します」と一言添えて、追加の用件を切り出します。

お礼・感謝

断り・拒否

謝罪・反省

依頼・提案

紹介・仲介

意見・抗議

謙遜・配慮

称賛・評価

報告・連絡

贈答

もてなし

感情に訴える

「続けざま」に似た言葉

「立て続け」「矢継ぎ早」「畳み掛ける」は行動や動作に喩えられた言葉のため、「続けざま」よりも、さらにスピード感のある表現といえます。

読者から立て続けに問い合わせの電話がありました。

> 短時間のうちに続けて行われること。

参加者から矢継ぎ早に質問がありました。

> 矢を手早く次々と弓につがえて射ることから、素早く続けざまに行動すること。

営業担当者の畳み掛けるような口調に圧倒されました。

> 相手が考えたり反対したりする暇を与えないで、次々と働きかけること。

身につまされる

類……他人事と思えない

意……人の身に起きたことがわがことのように思われること

わが身に置きかえて反省するときに

　人の不幸や不運が、自分の境遇・立場と思い合わさって切実に感じられることがありますが、同情したり、つらい気持ちを共有したりするときに用います。

明日はわが身と、怖くなる思いです。

━━▶ 身につまされる

自分の身にも起こりうるトラブルに対して、戒めの気持ち
と、他人事でなく感じられることを表します。

 異業種のこととはいえ、身につまされるお話です。

他人事とは思えないという心境を伝えています。

 彼の失敗は身につままれる。

「つままれる」は前後の事情を知らずにぼうぜんとす
ること。他人事でなく思うことが「つままれる」なの
で、「身につままれる」は間違いです。

めっそうもない

[類]……とんでもない
[意]……決してそのようなことはない

謙遜して相手の言葉を打ち消すときに

「まったくそうではありません」と、相手の言葉を強く否
定するときに使う言い回しです。

　否定すると言っても、相手を非難するのではなく、思
いもよらず人から褒められたり、評価されたりしたときに
「そんなことはありません」と謙遜したり、あってはなら
ないことを打ち消したりする場合に使います。

お礼・感謝

断り・拒否

謝罪・反省

依頼・提案

紹介・仲介

意見・抗議

謙遜・配慮

称賛・評価

報告・連絡

贈答

もてなし

感情に訴える

私が代表になるなど、ありえないことです。

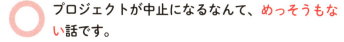

└→ めっそうもない

考えられないような提案や勧誘を受け、あるべきことではないと強く否定するようなときに使います。

◯ **プロジェクトが中止になるなんて、めっそうもない話です。**

根も葉もない噂や憶測をきっぱり否定するようなときにも「めっそうもない」を用います。

✕ **部長を差し置いて私が上座に座るなんて、めっそうもありません。**

「めっそうもない」の「ない」は否定の語ではなく、「とんでもない」と同様、「ない」を含めて一つの形容詞になります。
ただ、「とんでもない」が「とんでもありません」として普及しているように、「めっそうもありません」も同じ傾向にあるようです。

申し開き

類……言い訳　弁明　釈明
意……わけを説明して、自分の正しさを主張すること

自分の非を認めるときに

　人から非難を受けたり、疑いをかけられたりした事柄について、そうせざるを得なかった理由や身の潔白を説明する場合に「申し開きをする」と言います。

71

逆に、自分に非があり、弁解できない状況では「申し開きできない」を使います。

言い訳できることではありません。
┗➡️ **申し開きの言葉も**

弁解の余地がないことを潔く認める言い回し。

⭕ **今回の件は、まったく申し開きのできないことで、深く反省しております。**

「申開きのできないことです」は、全面的に非を認め、反省していることを伝える一文。

ゆるがせ

類……なおざり　疎か
意……いい加減にしておくこと

手を抜かずきっちりするという態度を示すなら

物事をいい加減にすること、人や物事を軽く見ること、なおざりにすることを意味する言葉です。
「ゆるがせにはできない」「ゆるがせにしない」と打ち消すことで、手を抜いたりせず、きちんと対応するという誠意を示す場合に用います。

➡️ **ゆるがせにはいたしません**
御社との約束は決して破るようなことはないので、ご心配なされませんように。

> 「ゆるがせにはしない」とは、なおざりにはしないという意。誠実に対応します、という姿勢を示すときの言い回しです。

〇 **我々としても、この問題をゆるがせにはできません。**

> 「ゆるがせにできない」は、いい加減な対応はできない、という意味。見過ごすことはできない問題や課題に直面したとき、きちんと対処する姿勢を示します。

〇 **今後は、細かいこともゆるがせにしないよう肝に銘じて取り組みます。**

> 今後は細かいことも適当にあしらわず、対応を改めることを誓う反省の一文。

Tips

「なおざり」と「おざなり」の違い

どちらも「いい加減」という意味で使いますが、「なおざり」は「注意深くないこと」「いい加減にすること」を指します。

一方、「おざなり」は、その場だけの間に合わせ、という意味合いです。

仕事をなおざりにする。

> 仕事そのものをほったらかして、していないの意。

おざなりな仕事。

> 一応、仕事はしているものの形だけで、いい加減で不十分な内容の意。

ご無沙汰とお久しぶり

「ご無沙汰しております」と同じ意味で使う言葉に「お久しぶりです」があります。「お久しぶりです」は、自分と立場が同等な相手に使うのに適した表現で、自分より目上の相手に対しては、「ご無沙汰しております」が適切です。相手によって使い分けに注意しましょう。

佐藤先生、どうもお久しぶりです。

➡ **大変ご無沙汰しております**

「お久しぶり」の類語には「久方ぶり」「しばらくぶり」「久々」があります。いずれも、「こんな大事故は久しぶりだ」「久々の大地震」のように起こった事態が望ましくない場合には用いません。

◯ **ご一緒するのは久方ぶりですね。**

◯ **しばらくぶりにお目にかかれてうれしゅうございました。**

◯ **久々にお店へ伺いました。**

4 依頼・提案

頼み方次第で快く引き受けてもらえることもあれば、きっぱり断られることもあります。相手に快く聞き入れてもらうための言い回しを紹介します。

お知恵を拝借

類……相談する　意見をもらう
意……知恵を借りる

目上の相手に意見を求めるときに

　目上の相手からよい考えややり方を教えてもらうことを、「借りる」のへりくだった言い方「拝借」を使って、「お知恵を拝借」と言います。

　自分の経験や能力、立場が相手より劣っていることを認めたうえで使う言葉です。

　なお、「拝借」は漢語です。

> **未経験者ばかりなので、ぜひ経験豊富な先輩からご教示賜りたいのですが。**　お知恵を拝借したい ←
>
> 目上の相手に教えてほしいとお願いするときに使う改まった言い方が「ご教示賜る」です。そこまで堅苦しくする必要がない場合は、相手への敬意を示しながらもソフトな言い回しの「お知恵を拝借」とします。

お礼・感謝

断り・拒否

謝罪・反省

依頼・提案

紹介・仲介

意見・抗議

謙遜・配慮

称賛・評価

報告・連絡

贈答

もてなし

感情に訴える

今度のキャンペーンで、佐藤さんにお知恵を拝借したいことがございまして。

> 自分だけでは処理できなかったり、やり方がわからなかったとき、上司や先輩に助けを求めるケースで用いるのが「お知恵を拝借」です。目上の相手から助言や手助けを請う場合に「ちょっと教えてもらえませんか？」「ちょっと困ってるんで」ではくだけすぎて失礼です。

 ぜひ、部長のお知恵をご拝借したいのですが

> 「お借りする」のへりくだった言い方である「拝借」は、それだけで謙譲語なので、さらに「ご」を付ける必要はありません。「お知恵を拝借したいのですが」とするのが適切です。

折り合う

類……歩み寄る　妥協する
意……譲り合って話をまとめること

歩み寄り、合意に達すること

　依頼や交渉で互いに歩み寄り、一致する条件を見つけたり、妥協点が見つかったりしたときに、「折り合いをつける」「折り合いがつく」のように使うことがあります。

　名詞は「折り合い」で、譲り合うことを指すほかに、「親と折り合いが悪い」のように人と人との仲を表すときに使います。

お礼・感謝

断り・拒否

謝罪・反省

依頼・提案

紹介・仲介

意見・抗議

謙遜・配慮

称賛・評価

報告・連絡

贈答

もてなし

感情に訴える

やっと双方の条件が合いました。

└→ 折り合い

双方が歩み寄った結果、落とし所が見つかったようなとき
に使うのが「折り合い」です。

○ **メーカーとの価格交渉で折り合いがつかない場合
は、販売を停止することになりますが、よろしい
ですか。**

交渉が決裂することを名詞「折り合い」を用い、「折
り合いがつかない」と表現します。その反対語は「折
り合いがつく」です。

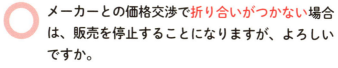

折り入って

類……押して
意……特別に　ぜひとも

特別なお願い事があるときに

　特別なお願いをしたい、あるいは、どうしてもこの人に
頼みたいという場合に使います。結婚式の仲人を頼むとか、
会社の顧問になってほしいとか、他言できない重要案件が
あるとか……。懇意な間柄であっても、いずまいを正し、
改まった気持ちでお願い事や依頼をするときに使います。

　相手に対する強い信頼や真剣さを伝える言葉です。

┌─ 折り入って
佐藤さんに お願いがあります

「お願い」という言葉に、相手は一瞬、警戒したり、構えてしまったりするものです。直接言われると、「何を頼まれるのだろう」と身構えてしまいませんか？　「お願いがあります」と切り出すよりも、「折り入って」のように言葉を添え、特別に心を込めてお願いをする姿勢を伝えます。

 佐藤部長、折り入ってご相談したいことがあるのですが。

「折り入って」の後に続くのは「お願いがあります」のほかに「ご相談（したいこと）があります」「お話し（したいこと）があります」などに言いかえることもできます。

Tips

依頼をされたときの返答

相手から依頼されたことに対応できるのであれば、以下のような伝え方があります。

承りました。ご期待に沿うよう最善を尽くします

しかし、即答できない場合は、相手の話を理解したうえで、検討する時間を与えてほしいことを伝えます。

すぐ返答することはできないのですが、お話は承りました。

すぐには決めかねますので、少し考える時間をいただけますか。

相手の押しが強く断りきれない場合や、すぐに断ると角が立つ場合は、検討してから返答する旨を伝えましょう。

お礼・感謝

断り・拒否

謝罪・反省

依頼・提案

紹介・仲介

意見・抗議

謙遜・配慮

称賛・評価

報告・連絡

贈答

もてなし

感情に訴える

> **私では判断しかねますので、（上司や社内で相談の うえ）改めてご返事いたします。**
>
> 　上記にあげた返答例は目上の相手を想定し、敬語を使っ ていますが、部下や対等な相手に対しては、この限りでは ありません。

心待ち

意……待ち望む　待ち受ける　待望　切望
類……心の中で当てにしながら待つこと

相手の気持ちに間接的に働きかける場合に効果的

　頼み事をする相手からの返答を期待して待つときに用い ます。良い返事、早い返事を求めるときに、「心待ち」を 使うことで、間接的に相手からの良い返答が待ちきれない、 心を躍らせながら待っています、という心情を伝えます。

> **佐藤さんからのご返事をお待ちしております。**
> → 心待ちに
>
> 　相手からの返信を首を長くして待っています、という気持 ちを伝える言い回しです。「早めに返信をお願いします」と 書くよりも、「ご返信を心待ちにしております」とするほう が、返事を楽しみに待っているという期待感が相手にも伝 わります。

79

差し支えなければ

類……よろしければ　迷惑でなければ　差し障りがなければ

意……頼み事をするときに相手の意向を尋ねるために添える言葉

相手の意向を尊重して尋ねるときに

　物事の進行を妨げるような事情や不都合がないかを相手に尋ねるときに使うフレーズ。

「差し支え」とは、都合の悪い事情という意味。その後に「なければ」と打ち消すことで「あなたにとって都合が悪くなければ」と条件をつけたうえで依頼し、「不都合なら断ってもいいですよ」という配慮も含みます。

都合が悪くなければ、ご連絡先を教えていただけますか。　┗━━▶差し支えなければ

> 「差し支えなければ」を添えることで、連絡先を知らせたくなければ拒否してもいいですよ、という配慮を相手に伝えることができます。

○ **お差し支えなければ、打ち合わせの日程を変更していただけますか。**

> 予定の変更を依頼する場合、自分の都合を優先するのではなく「差し支えなければ」と相手の都合を一言尋ね、相手に対する心づかいを伝えます。

お礼・感謝
断り・拒否
謝罪・反省
依頼・提案
紹介・仲介
意見・抗議
謙遜・配慮
称賛・評価
報告・連絡
贈答
もてなし
感情に訴える

力添え

類……援助　助力

意……相手に力を貸す、援助すること

目上の相手に助けを求めるときの言い回し

　目上の相手に何らかの援助や助けを求めるときに「お力添えいただけますか」「お力添えをお願いします」のように用います。「助けてください」と単刀直入に切り出してしまうと、相手は「厄介事に巻き込まれるのでは？」「どこまで助ければいいんだ？」と躊躇してしまうかもしれません。

　あくまでも「力を貸してもらいたい」という姿勢を伝えましょう。

> **チーム再建に向け、ぜひ監督に助けていただきたいのです。** お力添えをお願いしたい←
>
> 「お力添え」に続く言葉としては「をお願いいたします」のほかに「をいただけませんか」としてもよいでしょう。

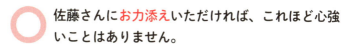

○ **佐藤さんにお力添えいただければ、これほど心強いことはありません。**

> 相手の協力や支援を切望する例。「お力添えいただければ」とすることで、相手を立てることにもつながります。

81

力不足

類……力及ばず　荷が重い　能力不足
意……力量が不足している

自信満々でも、あえて謙虚な姿勢を伝えるために

　文字通り、与えられた役目を果たすだけの力量がないことを意味します。しかし、自信満々であったとしても、ビジネスシーンにおいてはあえてこの言葉を使うことがあります。「力不足ですが、一生懸命取り組みます」と一言前置きすることで、謙虚な姿勢を示すことができるからです。

　反対の意味の「役不足」と間違いやすいので注意しましょう。

━→ 力不足
役不足ですが、お役に立てるよう精いっぱい対応いたします。

> 「役不足」は本人の力量に比べて、役目が軽過ぎること。ここで言いたいのは、自分の力量では不足かもしれないが、という謙遜の気持ちなので「力不足」とします。

ご依頼に応えられなかったのは、ひとえに私の力不足によるものです。

> 相手からの依頼に対応できなかったときの返答。相手や条件などのせいにせず、自分の力量や対応力が十分でなかったことを「力不足」として収めます。

部長、私では力不足で対応できません。

> 上司の要望をはなから「力不足」のせいにして断るのは NG。ビジネスパーソンであれば、取り組んで、十分な成果が出せなかったときにようやく「私の力不足でした」と伝えるのがあるべき姿ではないでしょうか。「力不足」という言い回しを言い訳に使うのは、社外からのスケジュール的に無茶な依頼や、労力がかかる割に見返りが少ないような仕事を頼まれたときなどにしましょう。

手数（てすう）

類……手を煩わせる　手間をかける　面倒をかける
意……人のためにかける手間

こちらの都合で相手の手を煩わせるようなときに

「てかず」とも言います。「手数をかける」は、他人に骨折りをしてもらうことを意味します。

　相手に確認や返信を依頼するときに「お手数をかけますが」の一言を添え、相手に手間を取らせることへの気遣いを言葉で示します。

「お手数ですが」のほかに、「お手数をかけますが」「お手数をおかけしますが」という言い方もあります。

┌─ **お手数ですが、**
↓ **販促用チラシを 20 部ご送付いただけますか。**

> 相手に何かしらのアクションを促す場合、「送ってください」「ご送付ください」だけですまさず、「お手数ですが」を

添えて、相手への気遣いを伝えましょう。

○ **たびたびお手数をおかけ**しますが、同封の書類を再度お送りいただけますか。

　　一度ならず二度、三度と続けて頼み事をするようなとき、「何回もすみません」の代わりにおすすめしたい言い回しが「たびたびお手数をかけ」です。

○ **お手数をおかけし恐縮ですが**、ご返送をお願いします。

　　相手の手を煩わせることがわかったうえで、願い事をする場合は「お手数をおかけし」にさらに「恐縮ですが」の一言を添えます。丁寧でソフトな印象を与えるとともに、申し訳ないという気持ちを伝えます。

手隙
てすき

類……都合のいいとき
意……手が空いているとき

一段落してからの対応を求めるときに
「手隙」とは、仕事と仕事の合間に手が空いている状態のことで、相手の手が空いていることを指す尊敬語が「お手隙」です。

　相手の都合を尋ねたり、対応を求めたりするとき、相手の手が合いた時間にお願いします、という意を伝える言い回しが「お手隙のときに」です。

お礼・感謝

断り・拒否

謝罪・反省

依頼・提案

紹介・仲介

意見・抗議

謙遜・配慮

称賛・評価

報告・連絡

贈答

もてなし

感情に訴える

暇なときでいいので、メールに添付した資料をご確認いただけますか。 → お手隙のときに

「暇なときでいい」「お暇なときに」と書くのは NG。ビジネスの場でまったく「暇な」人はそうそういません。手の空いたときでかまわないので、と伝えるのなら、「お手隙のときに」「ご都合のよいときに」といった表現に改めましょう。

急ぎではないので、佐藤さんがお手隙のときにご連絡いただけるとありがたいです。

急ぎの用件ではないので、仕事や用事が一段落してから連絡してほしいと伝える一文。折り返しの連絡を依頼するときに使います。「お手隙のときにお電話いただけますか」という言い方もあります。

Tips

急を要する依頼のときは期日を指定

「お手隙のときに」は、急を要さない場合、いつでもいいからという依頼のときに用いる言葉です。一方、返信や回答を要す場合は、下記のように期日を示すほうがよいでしょう。

恐縮ですが、1月26日(金)までにご連絡をお願いいたします。

できれば今月末までにご対応いただけるとありがたく存じます。

85

手を煩わす

類……面倒をかける
意……相手に面倒をかけること

相手に世話になるときに添える

　相手の世話になること、手間をかけることへの心遣いを示す言葉です。人に自分の頼み事を聞いてもらうときには「お手を煩わせますが」、実際に面倒をかけたときに「お手を煩わせました」のように使います。

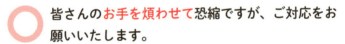

何度も面倒をおかけしますが、よろしくお願いいたします。
　　　　　　└→お手を煩わせ

> 相次いで相手に面倒をかけるようなときは「何度もお手を煩わせて」というフレーズを用います。

○ **皆さんのお手を煩わせて恐縮ですが、ご対応をお願いいたします。**

> 相手に頼み事やお願い事があるとき、「お手を煩わせて」の後に「恐縮です」「申し訳ありませんが」を添えることで、相手に負担をかけることへの気遣いを伝えます。相手に面倒をかけることがわかっている場合は「お手を煩わせることになり」という言い方もあります。

含みおく

類……覚えておく　留意する　心得る
意……心に留めておく　事前に理解しておく

あらかじめ知っておいてくださいね、と了解を得る

　かくかくしかじかの事情があることをあらかじめ知っておいてくださいね、と相手に根回しをしておくようなときに使う言葉が「含みおく」です。

　裏に隠れている深い意味や内容のことを「含み」と言います。「含みおく」は事情をよく理解し、事前に了承しておくという意味の言葉。目上の相手や客に対して「お含みおきください」のように使います。

限られた予算で対応しておりますことを、どうかご理解ください。　　　　　　　　お含みおき ←

> お金をそれほどかけられないので、予算内に収めてくださいとお願いしています。苦しい台所事情への理解を相手に促します。

 当日、会場へは招待者のみのご案内となりますので、お含みおきください。

> 入場するためには条件があることを事前に伝える一文。招待を受けてない人は当日、会場へ入れないことを心得ておいてください、という意味合いが「お含みおきください」に込められています。

お礼・感謝

断り・拒否

謝罪・反省

依頼・提案

紹介・仲介

意見・抗議

謙遜・配慮

称賛・評価

報告・連絡

贈答

もてなし

感情に訴える

87

佐藤さん以外の方にはお知らせしておりませんので、**その旨お含みおきくださいますよう**お願いします。

> あなた以外の人には知らせてないのだから、と暗に伝えています。「その旨お含みおきくださいますよう」は、察してください、と理解を促す言い回しです。

ぶしつけ

類……失礼　無礼　あけすけ
意……無作法であること

失礼を承知で、という心情を伝える

　初対面のときやさほど懇意ではない相手への願い事、急な頼み事をするとき、「失礼なのは十分わかったうえで」という意味で使う言い回し。
「ぶしつけなお願いではございますが」「ぶしつけではありますが」のように使います。

お礼・感謝

断り・拒否

謝罪・反省

依頼・提案

紹介・仲介

意見・抗議

謙遜・配慮

称賛・評価

報告・連絡

贈答

もてなし

感情に訴える

━━➡ **ぶしつけなお願いで恐縮ですが**

大変申し訳ないのですが、Ａ社の佐藤部長にお引き合わせいただけないでしょうか。

> 依頼をする前にワンクッション置くとともに、相手の手を煩わせることに恐縮していることを伝えるのが「ぶしつけなお願いで恐縮ですが」です。相手に対して厚かましいお願いだと承知のうえで、どうしてもお願いしたい、という気持ちを伝えます。

初対面でぶしつけながら、お尋ねしたいことがあります。

> 思い切って頼み事をするとき、礼を欠くことは承知のうえで話を切り出すとき、添えるとよい言葉が「ぶしつけながら」「ぶしつけですが」です。

Column

3

. . . .

忌み言葉に注意

. . . .

　古代の日本では「言葉にも魂が宿る」と信じられていました。こうした背景から、お祝いの席や悲しみの場では、不吉なことを連想させる言葉を忌み言葉として避ける傾向にあります。

　たとえば、正月にお供えした鏡餅を下ろし、雑煮や汁粉にして食すことを「鏡開き」といいますが、これは「鏡割り」の「割り」が忌み言葉に当たるとして「開き」に言いかえた

言葉です。

　また、酒樽のふたを木づちで割る鏡開きも、「鏡を割る」ではなく「鏡を抜く」と表現します。鏡割りともいいますが、「割る」を忌み言葉として「開き」に言いかえているのです。結婚式などの祝宴でも忌み言葉とされる「終わり」は使わず「お開き」を使うことが多いですね。

　日本では古来、不吉な言葉、縁起の悪い言葉を忌み言葉として避ける一方で、それを言いかえることで、少しでも幸せを呼び込もうとしていました。

　言葉にも魂が宿る。だから、不吉な予感や不幸を連想させる言葉は、それが現実の災いとならぬよう、不用意に使うのは避けましょう、というのが忌み言葉の考え方です。

「使ってはならない」ことに縛られるのではなく、相手が読んだり聞いたりしたときに嫌な気持ちにならないように他の言葉や表現に置き換える。それが人を気づかう思いやりの表れであり、言葉を重んじる日本人の知恵だったのではないでしょうか。

お礼・感謝

断り・拒否

謝罪・反省

依頼・提案

紹介・仲介

意見・抗議

謙遜・配慮

称賛・評価

報告・連絡

贈答

もてなし

感情に訴える

5 紹介・仲介

人と人の間に立ち、うまく関わり合えるように両者を
つなぐのはビジネスパーソンにとって重要なスキルで
す。その手助けをしてくれる大和言葉を紹介します。

あずかる

類……受ける　被る
意……人から好意やもてなしを受けること

目上の相手から紹介を受けるときに

　漢字では「与る」と書き、目上の相手からの好意や恩恵
を受けることを意味します。「ご紹介にあずかる」「お褒め
にあずかる」のように、人との縁への感謝と謙遜を込めて、
「ご（お）〜にあずかる」という形で使います。

　ひいきにしてもらっていることは「お引き立てにあずか
り」、人から良い評価を受けたときは「お褒めにあずかり」、
人から招待されたときは「お招きにあずかり」と言います。

> **佐藤先生からご紹介いただいた山田と申します。**
> 　　　　　　┗━▶ ご紹介にあずかりました

　人から紹介されたときに使う定番フレーズが「ご紹介にあ
ずかり」です。自分をへりくだり、紹介してくれた人を立
てる意味もあります。

ご紹介に預かりました山田でございます。

> 同じ読みでも「預かる」と書く場合は、保管・管理・保留するという意味になるので、混同しないように注意しましょう。

 （社外の相手に対して）部長の佐藤からご紹介にあずかりました山田と申します。

> 上司が自分を紹介してくれたことを社外の相手に対して「（上司から）ご紹介にあずかりまして」と言うのは間違いです。相手の前で上司を高めたことになるからです。「佐藤から紹介を受けました」とするのが適切です。
> ただし、社外の人が別の社外の人に自分を紹介してくれた場合には、紹介者を立て「高橋様からご紹介にあずかりました」とします。

馬が合う

類……性が合う　意気投合する
意……気が合う

気が合いそうな人同士を紹介するときに

　相性がよく、一緒に仕事をしたり、行動を共にしたりするのが苦にならない人同士のことを指して「馬が合う」と言います。

　乗馬において、馬と騎手の呼吸がぴったりと合わなければ振り落とされ、逆に騎手と馬の息が合うと実力以上の力を馬が発揮すると言われます。そこから、人と人の気が合い、意気投合することの喩えとして使われています。

お礼・感謝

断り・拒否

謝罪・反省

依頼・提案

紹介・仲介

意見・抗議

謙遜・配慮

称賛・評価

報告・連絡

贈答

もてなし

感情に訴える

彼女も着物が好きな人なので、きっと佐藤さんとうまくいくと思いますよ。　　　　　**馬が合う**←

> 互いに面識のない二人を引き合わせるとき、両者に共通する点や好みを指摘して「A さんと B さんは馬が合うと思う」と紹介すると、双方が相手に興味と好感を抱くことでしょう。

Tips　「馬が合う」の反対は「反りが合わない」

「反り」とは、刀身の曲がり具合のこと。鞘と反りが合わないのに無理に刀身を収めれば鞘が壊れたり、あるいは刀身が抜けなくなったりします。これを人間関係に喩え、気が合わないことや考え方が合わないことを指して「反りが合わない」と言います。

彼とはどうも反りが合わない。

縁

類……つながり　関係
意……人と人とのつながり

つながりや関係を端的に示す言葉として

　相手との関わりを伝えるときは美化語の「ご縁」とします。

　夫婦や養子の間柄になることを「縁を結ぶ」と言い、人とつながること、人をつなげるときにも使います。

このたびは A 社に紹介していただき、心からお礼申
しあげます。 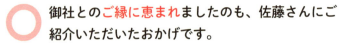 → とのご縁を取り持って

> 新たな関わりを仲介してもらった相手への感謝の気持ちを
> 伝える一文。間に入ってうまくいくように世話をすること
> を「縁を取り持つ」と言います。

○ 御社とのご縁に恵まれましたのも、佐藤さんにご
紹介いただいたおかげです。

> 「ご縁に恵まれ」とは、思いもよらずよい出会いのきっ
> かけを得ること。よき関わりであるほど、紹介者への
> 感謝の気持ちは強くなります。

Tips

「縁を結ぶ」の反対は？

「縁を結ぶ」の対義語は「縁を切る」です。親子や夫婦な
どの関係のほかにも、人や事柄との関係をなくすときにも使
います。

過去のしがらみとは縁を切り、再出発する。

　ちなみに、「縁」と「ゆかり」は類似する言葉ですが、こ
の二つの言葉を重ねた「縁もゆかりもない」は、「まったく
関係がない」ことをより強調した慣用句です。

彼とは縁もゆかりもございません。

取り成す

類……仲立ち　仲裁　仲介
意……仲直りさせる

対立する二者の関係を修復するときに

　仲違いしている人と人、トラブルでもめている会社と会社などの状態を仲直りさせ、良好な関係に戻すときに用います。

誤解を解き、両者を仲直りさせることができてほっとしています。 ➡️ 取り成す

> 自分が間に入り、仲裁をするときの使用例。「仲直りさせる」というと、仲裁者が自身の手柄を誇示しているように感じる人もいるので、「取り成す」とスマートに表現しましょう。

○ **今回のトラブルでぎくしゃくしている営業部との関係を部長にお取り成しいただけないでしょうか。**

> 嫌悪になっている相手との関係の修復を上司に頼む場合は「お取り成しいただく」とします。

○ **疎遠になっているＡ社との取り成しを佐藤さんにお願いすることにしました。**

> 「取り成す」の名詞は「取り成し」。相手との関係を好転させる仲介を人に頼むことを「取り成しをお願いする」と言います。

取り持つ

類……仲立ち　橋渡し　仲介
意……うまくいくように世話をすること

両者がうまくいくように世話をするときに

　まだ出会っていない二人の間に入って引きあわせ、良好な関係を結ばせることを意味します。

　「二人の間を取り持つ」「縁を取り持つ」のように使います。

二人をよく知る佐藤さんに仲介していただきたいのです。

└─→ 間を取り持って

> 「仲介」は第三者が当事者間の妥協点を見つけて話をまとめるときに用いられることが多く、「国際紛争の仲介役」や「仲介手数料」のように、乾いた響きがあります。一方、「取り持つ」は人間的な温かみを感じさせます。上記はお互いに面識のない人同士を結びつけるとき、双方の共通の知人である人にその役割を頼む例です。

○ **佐藤さんとは、釣りが取り持つ縁で親しくなりました。**

> 好きなものや共通の趣味といったきっかけがあり、人との距離が縮まることを「〜が取り持つ縁」と言います。

○ **車の貸し借りを取り持つシェアサービスが始まりました。**

お礼・感謝
断り・拒否
謝罪・反省
依頼・提案
紹介・仲介
意見・抗議
謙遜・配慮
称賛・評価
報告・連絡
贈答
もてなし
感情に訴える

車を貸したい人、借りたい人というニーズを持つ両者の間に立って結びつける、という意で「取り持つ」を使います。

Tips

「取り成す」と「取り持つ」

似ているので混同しやすいのですが、「取り成す」は対立する二者の間に立ち、良好な関係にすること。
「取り持つ」は、二者の間に立って関係を結ぶこと、という違いがあることを理解しておきましょう。

橋渡し

類……取り持つ　仲立ち　仲介
意……縁を取り持つこと

人の間に橋をかけるように働きかけるときに

両者の間に立って、関係をつくったり、うまくいくように世話をしたりすること。川をはさんだ岸と岸に橋を渡すように、人と人が良好な関係を築けるように働きかけるときに「橋渡しをする」「AとBの橋渡し」のような使い方をします。

私はA社とB社をくっつけたに過ぎません。
→の橋渡しをした

接点のなかった二つの会社を結びつけるきっかけをつくることを伝える一文。人以外に会社や団体の関わりの仲立ちをするときにも「橋渡し」を使います。

○ 二つの団体の交流の橋渡しができればと思っております。

二つの異なるものがよい関係で結ばれることを望み、そのために間に立つことを伝える一文。

○ ベテランと若手スタッフの橋渡し役をしているのがチームリーダーの佐藤さんです。

両者がうまくいくように取り計らう役割をすることを「橋渡し役」と言います。

引き合わせ

[類]……紹介
[意]……両者を会わせること

人に紹介を頼むときに

知らない人同士を会わせる、紹介する、対面させる形で仲を取り持つこと。

人と人とを呼び寄せて対面させるとき、両者を「引き合わせる」と言います。人に紹介を頼むときは「お引き合わせ願う」「お引き合わせいただく」とします。

Ａ社のＢ部長にお会いさせていただけないでしょうか。
→ お引き合わせ

人に紹介を頼むときの一般的な言い方。

お礼・感謝
断り・拒否
謝罪・反省
依頼・提案
紹介・仲介
意見・抗議
謙遜・配慮
称賛・評価
報告・連絡
贈答
もてなし
感情に訴える

○ 山田さんにぜひ、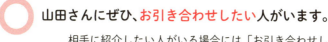お引き合わせしたい人がいます。

> 相手に紹介したい人がいる場合には「お引き合わせしたい人がいる」「〜にお引き合わせしたい」という言い方をします。

○ 私たちを引き合わせてくれたのが佐藤さんです。

> 知らない人同士を紹介して、縁を取り持つときには「〜を引き合わせる」を用います。

膝を交える

類……膝を突き合わせる　接点を持つ　直接会う
意……打ち解けて語り合う

相手に近づきたい気持ちを伝える

　これまできっかけがなかったり、何らかの障壁があったりして直接会って話すことがなかった相手に対して、実質的な距離を縮め、意思の疎通をはかることを提案するときに用います。

　「交える」とは、触れ合うほど近づけるという意。お互いの膝が当たるくらい近寄って話し合うことから、同席して親しく話をする様子を示しています。「膝を突き合わせる」は、動作、意味合いともほぼ同じ慣用句です。

> 今後の取り組みについて、御社と一度ミーティングの場を持ちたいと考えています。　膝を交えて話す←
>
> 相手と接点を持ち、関係を深めていく意向を示す例。双方

が同席して、意見交換することを提案しますが、単に「ミーティングをしましょう」と言うよりも重要度が高く、かつ人と人の距離が近い集まりという印象を与えることができます

 以前から、佐藤さんとは膝を交えてお話ししたいと思っていました。

相手への関心、好意を示す一文。親しくなりたいと思っている相手に対して、自ら声をかけ距離を縮めるときにも「膝を交えて」を使えます。

 皆で膝を交わして昔話に花が咲きました。

「交わす」は相手とやり取りすること。「あいさつを交わす」「言葉を交わす」とは言いますが、「膝を交わす」とは言いません。打ち解けて話をするという意で使うなら「膝を交えて」です。

見知りおく

類……見覚え
意……見て覚えておく

人に自分の名前や顔を覚えてもらうときに

「見知りおく」とは、人の名前と顔を記憶に留めることを意味します。以前に見たり会ったりして、知っていることを「見知る」、面識のある人のことを「顔見知り」と言います。

　そして、自分のことを覚えておいてほしい相手にアピー

ルする際、その相手への敬意を示す言葉が「お見知りお
き」。初対面のあいさつとして「お見知りおきください」
を使います。

佐藤と申します。ぜひ、覚えてやってください。
　　どうぞお見知りおきください ←

初対面の相手に自らあいさつするときに使われることがあ
るフレーズです。「どうぞ」の代わりに「よろしく」「今後
とも」「以後」なども使います。

○　**新人の佐藤をよろしくお見知りおきください。**

人に自分の部下や身内などを紹介するときにも「お見
知りおきください」が使われることがあります。

よしみ

……親しみ　好意　親しいつき合い
……人と人とのつながり

縁があるからこその親しみや好意を伝える

「よしみ」とは、親しい間柄から生じる情や好意のこと。
漢字では「誼」や「好」と書き、縁故、何らかの縁による
つながりという意味もあります。

　だからこそ、すげなくは扱えないという意味合いで「〜
のよしみで」と用います。「よしみを通じる」とは、便宜
をはかってもらうために、親しくなろうと働きかけること

101

を指します。

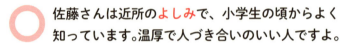

──→ 同郷のよしみで、

先輩とは公私共にお世話になっています。

相手のことを紹介するとき、同じ出身地で共通の知り合いがいたり、親しみを感じていたりすることを伝える一文です。

○ 佐藤さんは近所のよしみで、小学生の頃からよく知っています。温厚で人づき合いのいい人ですよ。

紹介したい相手との関係を人に伝える際にも「〜のよしみ」を使います。

6 意見・抗議

必要以上に角を立てず、その一方で確実に相手に反省を促したり、自分の主張を伝える。非常に難しいスキルですが、ちょっと言いかえるだけで、乗り越えられる場面もあります。

ありていに言えば

類……はっきり言って　率直に言うと
意……ありのままを言うと

本音を言うときに

隠さず、飾らず、ありのままを言うこと。「ありてい」は漢字で書くと「有り体」。偽りや飾りのない様をいいます。

ビジネスでは日常以上に、本音を言うことがはばかられるシーンが多いのは、誰もが知ってこと。しかし、あえて本音で話さないと後々誤解を生む可能性が高まったりする場面もあります。そんなときに、ぜひ覚えておきたい言い回し。

そもそも、本音で言いにくいことを口にするのは慎重であるべきです。しかし、誠意をもって伝えれば、「それだけあなたの度量を信頼しています」という、相手へのリスペクトも伝わるはずです。「本音を申しますと……」「正

お礼・感謝
断り・拒否
謝罪・反省
依頼・提案
紹介・仲介
意見・抗議
謙遜・配慮
称賛・評価
報告・連絡
贈答
もてなし
感情に訴える

直なところ……」よりも、改まった言い方です。

ぶっちゃけた話、今回の広告予算はかなり少ないです。
　　　　┗━→ ありていに言えば

ありのままを話すと、という意味で使うのが「ありていに
言えば」。「ぶっちゃけた話」とは、本音や事実を隠さずさ
らけ出すこと。「ぶっちゃけ」とも言いますが、いずれもく
だけすぎた表現です。

**○ ありていに申しあげますと、ご提示いただいた金
額は用意することはできません。**

「ありていに言う」を丁寧にいうと「ありていに申し
あげる」。改まったもの言いですが、はっきりと自分
の意向を伝えるときの一文で。

**○ この企画は、良く言えばインパクトがあるが、あ
りていに言えば意味不明だ。**

「ありていに言えば」の前で建前を述べ、後で本音の
意見を伝えるという使い方もできます。

あるまじき

類……不都合な
意……あってはならない

言ってはならないこと、人へ意見するときに使用
　その立場や役職にふさわしくない言動をする人に対して
意見するときに「〜にあるまじき」という形で用います。

お礼・感謝

断り・拒否

謝罪・反省

依頼・提案

紹介・仲介

意見・抗議

謙遜・配慮

称賛・評価

報告・連絡

贈答

もてなし

感情に訴える

動詞「あり」の連体形に打ち消し推量の助動詞「まじ」の連体形がついたのが「あるまじき」です。「まじ」には「〜べきではない」「〜てはならない」という意味があります。

対義語は「あるべき」です。

経営者とは思えない発言ではないでしょうか。

└─→**としてあるまじき**

責任ある立場にいる人として許されない言動である、と伝える一文。ある地位や職業の人が本来すべきではないことをしたとき、非難の気持ちを込めて「〜として」の後に「あるまじき発言」「あるまじき行為」「あるまじき態度」と続けます。

○ **サービス本位を謳う店にあるまじき対応にがっかりしました。**

上質なサービス提供を掲げているのに、それに見合わない対応をする店を指す例。とても考えられない、という失望感を「〜にあるまじき〜」を用いて強調します。

Tips

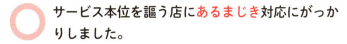

対義語は「あるべき」

「あるまじき」の対義語は「あるべき」。「ある」に助動詞「べし」の連体形「べき」をつけたのが「あるべき」で、当然そうあるはずの、という意。

それが経営者としてあるべき姿ではないでしょうか。

いかがなものか

類……どうかと思う
意……どうだろうか

賛成しかねる気持ちを表すときに

　相手に対して疑いを持ったり、危ぶむ気持ちがあったりするときに用いるのが「いかがなものか」です。納得できない、それはよくないという気持ちで用います。

「いかがかと思う」と言いかえることもできます。

> **現場の責任者として見て見ぬふりをするのは間違っていると思います。**　　　　　　いかがなものか←
>
> 相手に対して批判するときの一文。「それはおかしい。間違っています」と直言するのを避け、婉曲な表現で相手を批判するときに用いるのが「いかがなものか」です。

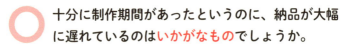

十分に制作期間があったというのに、納品が大幅に遅れているのはいかがなものでしょうか。

> 相手の対応に納得できない気持ちを示すときも「いかがなものか」を使います。「どうなっているのですか」と責め立てる代わりに、疑問を投げかける例です。

いささか

類……わずか　ちょっと
意……ほんの少し

現状を肯定できないときに使う

　質や量がそれほどではないさま。「少し」よりも改まった言い方をするときに用います。

「いささか」の後には「疑問がある」「問題がある」「残念な」といったマイナスの意味の言葉が続くことが多く、目上の相手に疑問を呈したり、意見したりするようなときに使われます。

「いささかなりとも」は、ごくわずかであっても、という意味です。

業界のトップリーダーの対応としては、少しおかしいかと思います。

　└→**いささかお粗末としか言いようがありません**

この言葉には強い非難の気持ちが込められています。

 彼にはいささかも反省の色が見えません。

　態度を改める様子がない人への腹立たしい気持ちを訴えています。「いささかも」の後に打ち消しの語を伴って、「少しも〜でない」「まったく〜でない」という意味になります。

お礼・感謝
断り・拒否
謝罪・反省
依頼・提案
紹介・仲介
意見・抗議
謙遜・配慮
称賛・評価
報告・連絡
贈答
もてなし
感情に訴える

うがった

類……見通した　裏を読んだ　詮索した
意……物事の本当の姿をとらえた

物事の本質を的確にとらえたいときに

「うがつ」とは漢字で「穿つ」と書き、穴をあけるとか、突き通すという意味があります。そこから転じて、事態の真相や人の胸の内を的確に把握するという意味で用いられます。「うがった見方」という言い回しはよく使われますが、これは「物事の本質を的確にとらえる視点で見る」という意味になります。

　平成23年度の文化庁による「国語に関する世論調査」では、本来の意味ではなく、「疑ってかかるような見方をする」という間違った意味で使う人が、全体の半数近くを占めていたそうです。

佐藤さんはぼんやりしているようで、時折、誰も思いつかないような視点からものを言うね。

➡うがった見方をするね

物事の本質をとらえようという鋭い視点を持つことを「うがった見方をすれば」という言い回しで表現します。「疑ってかかる」と意味を誤解している人は、この文例を嫌味や皮肉を言っているように勘違いするかもしれませんが、素直に褒めています。

うがちすぎると物事の本質を見失うことがあります。

> 物事の本質を見抜こうとするあまり、かえってわかりにくくなったり、的を外したりしていることを「うがちすぎる」と言います。

うがった見方をすれば、彼が裏で画策したのではないかと思われても仕方ない。

> 前述したように、「うがった見方をする」は、疑ってかかるような見方をすることではありません。

うがった見方かもしれませんが、私はその対策だけではトラブルを回避できないと思います。

> 自分の意見を述べるとき、「うがった見方をすれば、私は〜と思う」という使い方をすると、「本質を捉えると、私は〜と思う」と自分の意見を自画自賛していることになります。この文例では「悲観的な見方かも知れませんが」とするのが適切です。

お聞き及び

類……お聞きになっていますか
意……人から聞いていますか

相手が知っているかどうかを確認する言い回し

　人からすでに聞いて知っていることを「聞き及ぶ」といいます。相手がすでに知っていることを敬っていうときは、名詞形の「お聞き及び」を使います。

お礼・感謝
断り・拒否
謝罪・反省
依頼・提案
紹介・仲介
意見・抗議
謙遜・配慮
称賛・評価
報告・連絡
贈答
もてなし
感情に訴える

とくに、相手も知っているこちらの不手際やバツが悪い話を切り出さざるを得ないときは、「お聞き及びのことかと存じますが……」とつけ加えるのが有効です。相手も事情や気持ちを察してくれ、一からすべてを伝える必要がなくなったり、その分だけこちらの心の負担も軽減したりするからです。

佐藤部長、Ａ社のコンペの件は知っていますか？
　　　をお聞き及びでしょうか？ ←

上司に対して「○○について知っていますか？」という尋ね方は要注意。部下としては「知らないことだから、教えてあげよう」と気を利かしたつもりでも、上司の立場からすれば「知らないと思ってバカにしている？」というとらえ方もできるわけです。このようなときは、上司はすでに知っているかもしれない、という前提で「○○の件はお聞き及びでしょうか？」と問いかけると、失礼な言い方になりません。

佐藤部長からお聞き及びかと存じますが**、Ａ社の山田さんをご紹介いたします。**

聞いていると思うけど、を敬語で言い換えたのが「お聞き及びかと存じますが」です。目上の相手がすでに担当者から聞いて知っていることを前提として話を進めるときの言い回しです。

今回のイベント企画の変更点についてはお聞き及びですか？

相手から早く返答が欲しいから、と急かしたり、催促したりするのは逆効果。相手が「はい」「いいえ」で

答えられるように「○○についてはお聞き及びですか？」と尋ねるようにすると返答を得るのが早いです。

おこがましい

類……さしでがましい
意……分不相応ではあるが

出過ぎたことをするようだが、という前置き

　本来なら意見をするような立場にはないが、あえて言わせてほしいというような場面で用います。目上の相手に進言するようなときに「私が言うのもおこがましいですが」という使い方をします。愚かであることを意味する「烏滸」に由来し、身の程を知らない馬鹿者であるが、という意で用います。

もおこがましいのですが ←

佐藤さんを差し置いて私が申しあげるのは生意気ですが、プランは全面的に見直すべきだと思います。

目上の相手を立てつつ「上司を差し置いて物申すのは恐縮だが、あえて」という気持ちを表す一文。生意気なのは重々承知していることを伝える表現です。

○ **おこがましいとは思いますが、プロジェクトリーダーとして意見を述べさせてください。**

進言や忠告をする場合、直接的な物言いをすると反感を買う恐れがあるため、「おこがましいとは思います

が」「おこがましいとは存じますが」「おこがましいのですが」の一言を添えてワンクッション置くと、印象が和らぎます。

かまける

類……気をとられる　心ここにあらず　後回し
意……そのことだけにかかわる

気をとられて、ほかのことが疎かになっているときに

　一つのことにかかりきりで、本来取り組むべきことや優先すべきことが疎かになっているときに「かまける」を使います。

忙しいからといって、運動不足になっていませんか。

⌙→ **忙しさにかまけて**

日々の雑務に追われ、疎かになっていることがあるのではないか、と問いかける例。「運動すべきです」とすると高圧的になるので、「〜ではありませんか」と現状を問う形にしています。

 仕事にかまけてばかりでは、家族に見放されますよ。

本来大切にしなければならないものから気持ちが離れている状態を指すときに「かまけて」を使います。

112

Tips 「かまける」と「かまをかける」の違いは？

「かまをかける」は、漢字で書くと「鎌を掛ける」。自分が知りたいと思っていることを、相手が不用意にしゃべるように仕掛けたり、それとなく気を引いてみたりすること。

かまをかけるような質問はやめてください。

鑑みる
^{かんが}

類……のっとる　照らし合わせる　参考にする
意……比べて考えること

比較する対象を基に考えるときに

　事例や手本など、比較する対象と照らし合わせて考えるときに使います。鏡や水などに映してみる、という意の「かがみる」から変化した言葉です。

┌─→ を鑑みる

他社の事例と比べてみますと、今回の当社への設備の導入には慎重にならざるを得ません。

> ストレートに断るのではなく、事例や見本、過去の実績などと比較検討したうえでの結論であることをアピールすれば、相手も納得しやすいものです。

 昨年の販売実績を鑑みて、今年の発注数は慎重に決定するべきです。

113

「鑑みて」を言いかえるとしたら「のっとる」があげられます。「昨年の販売実績にのっとって〜」とすると若干、言葉が与える印象が和らぎます。

 彼は、人の気持ちを鑑みることができなくなっているのではないでしょうか。

「過去の経験に鑑み」のように、照合する対象を基に考え判断するのが「鑑みる」なので、何かについて考えるという場合に用いません。

口幅ったい
（くちはばったい）

類……生意気な　身の程知らずな　大口を叩く
意……身の程を考えない言動が偉そうに感じられること

偉そうなことを言うようですが、という前置きに
「口幅ったい」とは、自分の立場や能力を考えないで大きなことを言う態度のこと。

　したがって、「自分の立場はわかっているけれど」という前置きとして、「口幅ったいようですが」「口幅ったいことを言うようですが」と使います。

→ 口幅ったい言い方ですが

偉そうなことを言うようですが、このプロジェクトを天命と思って取り組んでいます。

大胆なこと、だいそれたことを発言するとき、前置きに「口幅ったい言い方だが」を使うことで、「偉そうなことを言うようだが」という心情を示します。

お礼・感謝

断り・拒否

謝罪・反省

依頼・提案

紹介・仲介

意見・抗議

謙遜・配慮

称賛・評価

報告・連絡

贈答

もてなし

感情に訴える

言葉を返す

類……口答え　反論する
意……言い返す

目上の相手に意見を述べるときに

「言葉を返す」には、答える、返答するという意味がありますが、もう一つ、相手の言葉に従わないで反論の言葉を返す、という意味もあります。

　目上の相手には「お言葉を返すようですが」を使い、意見を返したり、反論したりします。

── **お言葉を返すようですが、**
▼ **佐藤さんのプランには賛成しかねます。**

> 相手に反論することは、相手の気分を害する危険をおかします。すぐに反論や反対を述べるのではなく、「お言葉を返すようですが」と前置きするなど表現に配慮が必要です。

○ **お言葉を返すようで恐縮ですが、少々誤解があるようです。**

> 相手から誤解されたり、責め立てられたりしときに反論する場合、感情的にならず、いつも以上に丁寧な言葉づかいで冷静に対応することがポイント。「お言葉を返すようですが」にさらに「恐縮ですが」を添えて、相手を立てつつ丁重に対処しましょう。

ごもっとも

類……おっしゃる通り　その通り　当然
意……道理にかなっていること

相手の気持ちや言動を認めるときに

　人の言動に対して、それは当然であると同調するときに「ごもっともです」「ごもっともでございます」を使います。「もっとも」は道理にかなっているという意味。「ごもっとも」はその丁寧語で、相手の言い分を認め、肯定する言葉です。

佐藤さんのおっしゃることは当然のことです。

　ごもっとも

相手の意見を受け入れるときの基本的な言い回しが「〜のおっしゃることはごもっともです」。

○ **ご意見はごもっともですが、私は○○と考えます。**

「ご意見はごもっともですが」と相手の意見を受け入れてから「私は○○と考えます（思います）」と自分の主張を述べるようにすれば、相手に与える印象が緩和されるかもしれません。
ほかの言い方としては「ご指摘はごもっともです。しかしながら」もあります。

 Tips

相手に同意するとき

会話で使われる「ですね」「ですよね」は、「確かにそう

お礼・感謝

断り・拒否

謝罪・反省

依頼・提案

紹介・仲介

意見・抗議

謙遜・配慮

称賛・評価

報告・連絡

贈答

もてなし

感情に訴える

ですね」と相手に同意する気持ちを略して、語尾だけで伝える言い回しです。「確かに」「なるほどですね」なども同意の言い回しです。

　いずれも、その場の雰囲気で察しはつきますが、改まった場面では省略せずに「ごもっともです」「おっしゃる通りです」「確かにそうですね」と、意思をきちんと言葉にして伝えましょう。

差し出がましい

類……おせっかい　出しゃばり
意……余計なことをするような感じ

余計なことを言うようだが、と伝えたいときに
「差し出」とは、突き出ていること。「がましい」は、その物事や状態に似ている意を表します。つまり、出しゃばっていて、余計なことをするような感じがすること。

　相手に尋ねられたり、意見を求められたりしているわけではないが、物申したほうがよいと思うときに使うのが「差し出がましいようですが」「差し出がましいことを言うようですが」という言い回しです。

┌→ **差し出がましいようですが**
気になったのであえてご提案しますが、現場責任者として別途、改善策を提示いたします。

　言いにくいことを相手に伝えるときに一言添え、相手に対

する気づかいを伝えます。

 差し出がましいこととは存じますが、このたびの
取り組みについてご意見を申しあげます。

> 目上の相手や経験者を差し置いて意見するようなとき
> には「差し出がましいこととは思いますが」「差し出
> がましいこととは存じますが」と、言葉づかいもより
> 丁寧に言いかえます。

つかぬことを伺いますが

類……突然ですが　唐突ですが　関係ない質問ですが
意……だしぬけにお尋ねしますが

それまでとは関係ないことを聞き出すときに
「つかぬこと」とは、関係のないことという意味。それま
での話の流れと関係ないことを、ふと思いついて相手に尋
ねるとき、話の切り出しに使うのが「つかぬことを伺いま
すが」で。

> ┌── **つかぬことを伺いますが、**
> ▼ **この写真に見覚えはありませんか。**
>
> 唐突に質問してしまうと相手も驚くので、この言い回しを
> 前置きとして使いましょう。

 ところで、**つかぬことを伺いますが**、広島支社の
佐藤さんをご存じですか？

お礼・感謝
断り・拒否
謝罪・反省
依頼・提案
紹介・仲介
意見・抗議
謙遜・配慮
称賛・評価
報告・連絡
贈答
もてなし
感情に訴える

前の話とは関係ない話題に持ち込むときに「つかぬこ
とを伺いますが」を用いますが、その前に「ところで」
を添えてもよいでしょう。

 つかぬことを伺って、申し訳ありません。

「つかぬこと」を「つまらないこと」という意味で使っ
たとしたら NG。

「つかぬ」は「付く」の否定形ですが、ばかばかしい
ことを指す「愚にもつかぬこと」の「つかぬ」と意味
は異なるので、混同しないようにしましょう。

はばかりながら

類……恐れながら　恐れ多いことですが　出過ぎたことですが
意……言いにくいことですが

目上の相手に意見を言うときに

　目上の相手に対して意見を述べるときに、前もって無礼
なことを断る言い方。「はばかる」は遠慮すること。遠慮
すべきことかもしれないが、これから発言することを許し
てもらいたい、という気持ちを伝えるときに用います。

── **はばかりながら申しあげます。**
▼ **課長、このたびの計画は即刻中止すべきではないで
しょうか。**

あえて上司に意見をいうときに用いるのが「はばかりなが
ら申しあげます」です。

119

⭘ **はばかりながら現状を申しあげます。**このままで
は業務に支障が出ます。

⭘ **はばかりながら、これまで経験したことのない深
刻な事態であると覚悟なさってください。**

目上の相手に配慮して、言うのを控えていたが、言わ
なければならないというときにも「はばかりながら」
を使います。

含むところがある

類……内心思っている
意……思いや感情を心の中に抱くこと

ネガティブな感情を内に秘めていること

　あえて表には出さない考えや、恨みや怒りという感情を
持つ人を指すときに「含むところがある」を使います。

> **佐藤さんは、山田さんのことを嫌っているようです。**
> └→ に対して含むところがある

競争や対立、嫉妬心など、人に対してよく思ってない気持
ちがある様子を伝える例。憶測や噂を故意に広めるべきで
はありませんが、トラブルの火種になりそうなことを早め
に本人に知らせるときの用例です。

⭘ **部長がそうおっしゃるのは、何か、含むところが
あるからだと思います。**

はっきりとはわからないが、口に出せない何らかの理
由があることを推測する例。相手の様子や言動から、

秘めた考えを推し量っています。

らちが明かない

類……先に進まない　終わらない
意……物事がはかどらない　決着がつかないこと

遅々として進まない事柄に対して

「らち」を物事の限界に喩え、限界を超えることができず、進展が見られない状態を伝えるときに使います。

「らち（漢字では埒）」とは、馬場の周囲に巡らした柵のこと。柵が開かなければ中にいる馬も外へ出ることができず、何も始まりません。てきぱきと事が運ばないことに喩えられます。

> **メールだけでトラブル対応をしていては、いつ終わるのかわかりません。**
>
>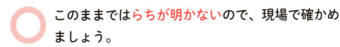
>
> 事を長引かせている原因をあげ、このままでは決着がつかないことを主張しています。

⭕ **このままではらちが明かないので、現場で確かめましょう。**

　　　解決に至る行き場がない状態を示し、それを打ち破る対策を提示しています。

お礼・感謝
断り・拒否
謝罪・反省
依頼・提案
紹介・仲介
意見・抗議
謙遜・配慮
称賛・評価
報告・連絡
贈答
もてなし
感情に訴える

入学・入社の際の忌み言葉

　春になると入学や入社のお祝いをメールや手紙で伝える
ことも増えてきます。入学・入社までに紆余曲折があったと
しても、誰もが晴れやかな気持ちで新生活を迎えたいはず。
希望や期待に水を差さぬよう、祝う側も言葉には気をつけま
しょう。

　入学・入社のお祝いの言葉にも用いるのを避けたほうが
よい忌み言葉があります。

【入学や就職のお祝いにふさわしくない言葉】
　終わる　落ちる　すべる　散る　取り消す　変更　やめる
　つぶれる　倒れる　消える

もう高校生活も終わりですね。
　　　　　➡ これから始まる学生生活が楽しみですね

初出社は無事に終わりましたか？
　　　　　　　➡ いかがでしたか

　知っている人が不合格だったり、不採用だったり、という
ことを人づてに聞くようなこともあります。無責任に噂を広
げたり、わざわざ話題にしたりするのは慎みましょう。

お礼・感謝

断り・拒否

謝罪・反省

依頼・提案

紹介・仲介

意見・抗議

謙遜・配慮

称賛・評価

報告・連絡

贈答

もてなし

感情に訴える

7 謙遜・配慮

強く自分をアピールするより、へりくだり、相手を立てる言動を心得ておくと、存在感を示すことができます。奥ゆかしさを伝える言い回しを紹介します。

行き届く

類……よく気がつく
意……細かいところまで気を配る

打ち消して、万全ではないことを伝える

「行き届く」とは、すみずみまでよく注意がいきわたって、気を配っていること。「行き届かないこともありますが」と十分に配慮できないかもしれないことを伝えるときに使います。あるいは、実際に配慮が十分でなかったことを相手に詫びるときにも使います。

「行き届かない」の代わりに「不行き届きで」「不調法」と言いかえることもできます。

→ 行き届かない

期待に応えられないところもあるかと思いますが、うぞろしくお願いします。

> 相手の期待に応えるだけの対応力が十分に備わっていないかもしれないが、という謙虚な姿勢を示す一文です。

123

何かと行き届かない点も多く、心苦しい限りです。

相手に対するお詫びの気持ちを伝えるときに使います。謙遜の気持ちを込めて使う場合もあります。

致し方ない

類……やむを得ない　よんどころない　無理もない
意……対処する方法がない

避けること、逃れることができないときに

　物事を行う方法を意味する「仕方」の改まった言い方が「致し方」。その後ろに「ない」がついて、方法や手段がない状況のときに「致し方ない」を用います。

平日の15時開催では、社会人の参加が少ないのは仕方ないことです。　　　　　致し方ない ←

原因をあげたうえで、結果としてそうなった現状を受け入れるしかないことを伝える例。

 起きてしまったことは致し方ありません。

今となってはどうしようもないことを伝える際「致し方ありません」という言い方もあります。

お礼・感謝

断り・拒否

謝罪・反省

依頼・提案

紹介・仲介

意見・抗議

謙遜・配慮

称賛・評価

報告・連絡

贈答

もてなし

感情に訴える

お手柔らかに

類……手加減してください　やさしくしてください

意……厳しくしないで手加減すること

手加減してほしいことを伝える

　試合や交渉などを始めるときに使うあいさつの言葉。加減して、やさしく扱ってくださいという意味で使います。ここには「自分のほうが、実力は下です」と暗に謙遜が含まれているので、言われたほうは悪い気はしないでしょう。

　この言葉は、ビジネスにおけるコンペの相手だったり、相手の実力が未知数だったりするときも用いることができます。

まったくの初心者なので、ほどほどにお願いします。

→ **お手柔らかに**

初心者なので、本気で相手にせず手加減してください、という意味で「お手柔らかにお願いします」を使います。

初めてですので、どうぞお手柔らかに願います。

最初から気合十分で本格的に、向かい合うのではなく、こちらが初めてであることに免じて手加減してください、と伝える一文。「お手柔らかに」は、本来は試合前のあいさつですが、ビジネスの交渉や契約の際にも比喩的に用います。

125

おみそれしました

類……見逃していた　気づかなかった　見忘れた
意……相手を軽く見ていたことを詫びる言葉

相手を過小評価していたことを詫びるときに

　うっかりして見落とすこと、目にしていながらそれと気づかないことを「見逃れる」と言います。

　相手に対しては、過少評価していたことを詫びるとともに、相手を称える気持ちを伝えるときに「おみそれしました」を使います。

製品の精度がこれほど高いとは気づきませんでした。
　ものだとは。おみそれしました←

相手の技術や能力の高さを「ものだとは」と称賛したうえで、それに気づかずにいたことを申し訳なく思う気持ちを「おみそれしました」で伝えます。「気づきませんでした」よりも、驚きや感動が伝わる表現です。

見事な包丁さばきですね。おみそれしました。

相手の才能や手腕を見過ごし、過小評価していたことへの失礼を謝る言い回しが「おみそれしました」です。

Tips

　　　　　「見損なう」との違い

　相手に対する評価を間違えるのが「見損なう」です。マイナスの評価がプラスに転じるのが「おみそれしました」な

のに対し、見誤っていてプラスの評価がマイナスに変わるのが「見損なう」といえます。

信頼できる人だと思っていたのに、彼のことを見損なった。

お目にかかる

類……お目もじ
意……お会いする

「会う」の謙譲語

「お目にかかる」は、「会う」の謙譲語。目上の相手に会うことをへりくだって言うことで、相手に敬意を表します。

目上の人の視界に入ること、目上の人に会うことを伝えるときに使います。また、「お目にかかれて光栄です」「お目にかかることを楽しみにしております」のように用い、相手に会えたときの気持ちを伝えます。女性語で「お目もじ」とも言います。

社長にお会いできて光栄です。
　　　　　→ **お目にかかれて**

相手に会うことができ、名誉に思う気持ちを伝える例。「お会いできて」でも間違いではありませんが、ほかの表現も覚えておきましょう。このほかに「お会いできてうれしい」という気持ちを表す場合は「お目にかかれて」の後に「うれしゅうございます」を用います。

また、**お目にかかる**ことを楽しみにしております。

別れ際や手紙やメールなどの結びの言葉として用いる定番フレーズ。「それでは失礼します」だけでは味気ないので、「また会いたい」「次に会えることを期待している」という気持ちを伝えます。

面映ゆい
おも は

類……気恥ずかしい　居心地が悪い　こそばゆい
意……照れくさく、きまりが悪い

良い評価を受けたときの照れくさい感じを伝える言葉

　元は、相手と顔を合わせるとまばゆく感じるの意からきた言葉。何かをしたり、されたりするときに、面と向かってそうするのがなんとなく気恥ずかしいことを指します。

　どんなに立派な成果をあげても、「どうだ、すごいだろ！」と誇示したとしたら反感を買いかねません。むしろ、称賛されることにきまりの悪さを感じていることを、「面映ゆい」を使って謙虚に伝えたいものです。

お礼・感謝

断り・拒否

謝罪・反省

依頼・提案

紹介・仲介

意見・抗議

謙遜・配慮

称賛・評価

報告・連絡

贈答

もてなし

感情に訴える

全社員の前で表彰されるのは非常に恥ずかしいものですね。 → 面映ゆい

自分ではたいしたことではないと思っている行いや業績をほかから評価され、照れくさく感じるときに使います。

○ **制作側の人間なのに、クリエイターと言われるのは面映ゆい気がします。**

自分が思ってもいない、あるいは実力以上の評価を受けたり、言われ方をしたときに感じる恥ずかしさを表すのが「面映ゆい」です。

○ **みんなの前で部長に褒められて、なんだか面映ゆい気持ちです。**

「恥ずかしい」は悪いことだけでなく良いことでも、きまりが悪い感情を指すのに対し、自分のことを良く言われて、照れくさくて居心地が悪いと感じるときに使うのが「面映ゆい」です。

授かる

類……賜る　与えられる
意……いただく

かけがえのないものをいただくこと

　神仏や目上の人から与えられること。「子宝を授かる」「秘伝を授かる」といった、お金では買うことができない、かけがえのないものをいただくときに使います。

企業の再生を数多く手がけてきた著名な経営者から、経営の極意を教わり**ました。**

└→ 授かりました

目上の相手や自分が師と仰ぐ人物から、経験に基づく貴重なノウハウを伝授されたことを伝えています。気安く教えてもらったり、簡単に公開されたりするわけではないものを与えられたときに用いるのが「授かる」です。

熟練の職人から教えを授かる**機会に恵まれた。**

技や技術といったかけがえのないものが与えられることを意味するときに使われることもあります。

賜る
たまわ

類……授かる

意……いただく

「もらう」の謙譲語

「もらう」は書き言葉では「拝受する」を使うことも。いただいた品物のことは「賜り物」と言います。

式典などの改まった席や特別な人から品物を頂戴するときなどに使います。

皆様にお目にかかる機会をもらい、**心よりお礼申しあげます。**

└→ 賜り

式典のような特別な席で改まったあいさつをするときにふさわしい言葉が「賜る」です。

このたびは佐藤様とご縁を賜り、ありがたく思っております。

> 品物だけでなく、人との関わりという目には見えないものをもらったときも「ご縁を賜り」のように言います。

「承る」は「受け賜る」

目上の人からの命令を受けて、いただくという意の「受け賜る」から生まれたのが「承る」です。目上の人の言葉を謹んで聞いたり、目上の人の命令や頼みを謹んで引き受けたりするときに使います。

ご意見を承ります。

ご用名を承りました。

手前みそ

類……自画自賛　自慢
意……自分自身を褒めること

自画自賛をへりくだって言うときに

　自分のしたことやつくったものを自分で褒めること。自家製のみその味を自慢することに由来します。「手前」は自分のことをへりくだって言うときの言葉。特に工夫や趣向をこらした点を「みそ」ともいいます。

　営業などにおいて、自社製品の優れたところを相手にア

お礼・感謝
断り・拒否
謝罪・反省
依頼・提案
紹介・仲介
意見・抗議
謙遜・配慮
称賛・評価
報告・連絡
贈答
もてなし
感情に訴える

ピールするときに「手前みそですが……」と一言加えることがあります。

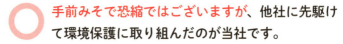

自慢になりますが、私の受賞歴を紹介いたします。

→ 手前みそを並べるようですが

自画自賛することをへりくだって伝えることを「手前みそを並べる」と言います。

○ **手前みそで恐縮ではございますが、他社に先駆けて環境保護に取り組んだのが当社です。**

自分の会社や身内を褒める場合にも「手前みそ」を使います。

自慢ですが、という意を伝える言い回しが「手前みそですが」「手前みそになりますが」「手前みそな話ですが」。さらに丁寧にへりくだった言い方が「手前みそで恐縮ですが」です。

× **手前みそのイベント企画だったのに採用されませんでした。**

自分で自分を褒めることが「手前みそ」で、自分で考えてしたことを指すわけではありません。この例文は「今回のイベント企画にみそがついて採用されませんでした」とすれば意味が通ります。「みそをつける」は失敗する、しくじることです。

とんでもない

[類]……めっそうもない　恐れ多い
[意]……事実からかけ離れていること

お礼・感謝

断り・拒否

謝罪・反省

依頼・提案

紹介・仲介

意見・抗議

謙遜・配慮

称賛・評価

報告・連絡

贈答

もてなし

感情に訴える

「とんでもない」で一語

まったくそうではない、と相手の言葉を強く否定するときに用います。思いもよらず人から褒められたり、評価されたりしたときに「そんなことはありません」と謙遜する気持ちを表すときに使われています。

「とんでもない」で一語なので、「ない」を切り離して「とんでも・ありません」「とんでも・ございません」とするのは間違い。「とんでもないことです」「とんでもないことでございます」とするのが適切とされてきました。

しかし、一般的には「とんでもありません」を違和感なく使っているケースも多く、平成19年2月に発表された文化庁文化審議会答申の「敬語の指針」では、「褒められたことに対し、謙遜して否定する場合の言い方としては問題がない」とされています。

私がリーダーを務めるなんて、とんでもありません。
　　　とんでもないことです ←

目上の相手から評価されたり、褒められたりしたとき、謙遜からつい「とんでもありません」という言葉が出ますが、「とんでもないことです」「とんでもないことでございます」のほうが伝統的な表現です。

先生にお越しいただくなんてとんでもない。私が伺います。

「相手に来てもらうのではなく、自分から会いに行きます、と相手の申し出を打ち消す例文。目上の相手に負担をかけられない、という配慮を「とんでもない」を用いて伝えます。

133

お礼だなんて、とんでもない。困ったときはお互いさまですから。

善意や気を利かせてした行為に、相手から思いがけずお礼やお詫びをされたとき、「そんなつもりでしたわけではないから」と打ち消すときにも「とんでもない」を使います。

花を持たせる

類……相手を立てる
意……相手に勝ちや名誉を譲ること

人に名誉を譲り、その人を立てるときに

　勝利や名誉を譲り、相手を立てること。自分の功績などをあえて人のものとすることを指します。

　主に目上の者が部下や年下の者に対して、功や名誉を譲る場合に「新人に花を持たせる」のように使います。

今回ばかりは、新人の佐藤さんを褒めようじゃないか。
　　　に花を持たせよう ←

部下を思いやり、がんばりを称えるようなときに使うのが「花を持たせる」です。

 後輩の私に華を持たせていただき、ありがたい限りです。

「華」は華やかさと同じ意味を持ち、喩えとして使われます。「花を持たせる」は比喩表現ではありますが、

植物の花が元の意味としてあるため、「華」ではなく「花」とします。

一肌脱ぐ

類……手助けする　助力　片肌脱ぐ
意……本気になって人のために力を貸すこと

損得抜きに人を手助けするときに

　友人、知人、仕事関係を問わず、損得勘定抜きにその人のために力を貸すときに使う慣用句です。

　何かに真剣に取り組もうとするとき、着物の袖から腕を抜き、上半身をあらわにして働くことを、かつて「肌脱ぎ」と言ったことに由来します。「片肌脱ぐ」とも言います。

佐藤さんのためなら、力を貸しましょう。

 一肌脱ぎ

何を差し置いても相手の力になる、という気持ちを伝えるときに用います。「力を貸す」よりも協力したいという意志が強く相手に伝わります。

○ **社長が私たちのために一肌脱いでくださるとは、ありがたい限りです。**

社長が本腰を入れて力を貸してくれることを伝える表現です。

✕ **会社のために人肌脱がせていただきました。**

「人肌」は人の肌やそのぬくもりを指す言葉で、「人肌

植物の花が元の意味としてあるため、「華」ではなく「花」とします。

一肌脱ぐ

類……手助けする　助力　片肌脱ぐ
意……本気になって人のために力を貸すこと

損得抜きに人を手助けするときに

　友人、知人、仕事関係を問わず、損得勘定抜きにその人のために力を貸すときに使う慣用句です。

　何かに真剣に取り組もうとするとき、着物の袖から腕を抜き、上半身をあらわにして働くことを、かつて「肌脱ぎ」と言ったことに由来します。「片肌脱ぐ」とも言います。

佐藤さんのためなら、力を貸しましょう。

 一肌脱ぎ

何を差し置いても相手の力になる、という気持ちを伝えるときに用います。「力を貸す」よりも協力したいという意志が強く相手に伝わります。

○ **社長が私たちのために一肌脱いでくださるとは、ありがたい限りです。**

社長が本腰を入れて力を貸してくれることを伝える表現です。

✕ **会社のために人肌脱がせていただきました。**

「人肌」は人の肌やそのぬくもりを指す言葉で、「人肌

135

脱ぐ」は間違いです。

また、「～させていただく」は、相手から許可を得ることを前提に何かをするときに用いる謙譲語。「一肌脱ぐ」のは相手の許可を得てすることではないので「一肌脱がせていただきます」という使い方は間違いです。

Tips

「片肌脱ぐ」と「諸肌を脱ぐ」

「ひと肌脱ぐ」と同じ意味の言葉が「片肌脱ぐ」。力仕事をするとき、動きやすいように片方の肩だけ着物から出したことに由来します。

一方、「諸肌を脱ぐ」とは、全力を尽くして事に当たること。左右両方の肩を着物から出し、上半身を裸にして働くことからきた言葉です。

ふつつか

類……未熟　不調法　愚か
意……行き届かないこと

自分や身内のことを謙遜して言うときに

配慮が十分でない、物事を十分処理できないことをへりくだった言い方。「ふつつか者ですが」とあいさつで使うほか、へりくだって「ふつつかな」「ふつつかながら」のように使います。

まだまだ経験も知識も足りない息子ですが、どうぞよろしくお願いします。　──→ふつつかな

お礼・感謝

断り・拒否

謝罪・反省

依頼・提案

紹介・仲介

意見・抗議

謙遜・配慮

称賛・評価

報告・連絡

贈答

もてなし

感情に訴える

つい、へりくだりすぎて否定的な言葉を並べすぎる人がいますが、言われたほうもいい気分ではないし、相手に対しても必要以上にネガティブなイメージを与える可能性があります。「ふつつかな」の一言で相手は察してくれます。

○ **ふつつか**ながら、本日の司会進行役を務めます佐藤と申します。

任せられた役に対して「力不足で行き届かないところがあるかもしれないが」と、謙遜の気持ちを伝えるときにも使います。

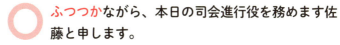

分をわきまえる

類……身の程を知る　分相応
意……自分の立ち位置を考え、謙虚にすること

身の程を知っているかどうかという言い回し

「分」は自分の立場のこと。自分の置かれた立場よく理解し、行動を律することを「分をわきまえる」といいます。「身の程知らず」の対極にあり、かつ卑屈でもない、自分の力量や相手との関係性を客観的にとらえられる大人の振る舞いを指して使います

佐藤さんはどんなときも出過ぎた真似をしない人です。
　　　　　　　　　　→ 分をわきまえた

「分をわきまえる」とは、身の程を知り、自分の身の丈に合った言動や振る舞いができることです。言いかえれば、出過ぎた真似をしたり、出しゃばった行動をとったりしないこ

とを意味します。

「出過ぎた真似をしない人」では、マイナスではないがプラスでもない評価という印象ですが「分をわきまえた人」であれば、プラス評価が際立ちます。

○ **分をわきまえた**態度で、交渉に臨むことが大切です。

実力や実績もないのに自分のことを大きく見せようとするのではなく、今の自分の力で精いっぱい対応することの大切さを「分をわきまえた」を使い、説明しています。

○ **分をわきまえず**能力以上のことをしようとすると、トラブルになる。

自分の能力の限界を知らず無茶をするのは、分をわきまえていない証拠。背伸びしたり、欲張ったりする姿勢を戒めるときは「分をわきまえず」「分をわきまえない」と打ち消した形で用います。

もったいない

|類|……身に余る　恐れ多い|
|意|……とてもありがたい|

自分には恐れ多いが、という気持ちを伝える

「身に余る」同様、自分には恐れ多い、という気持ちを表すと同時に、喜びやうれしさもわずかに感じられる言葉です。

　自分に不相応なほど「とてもありがたい、恐れ多い」という感謝の気持ちを表すときに用います。

会長から、過大な評価をいただき、逆に申し訳ないくらいです。
➡️ **もったいないお褒めの言葉をいただき、光栄に存じます**

　　目上の相手から褒められたとき、「いえいえ、そんなことはありません」と否定するのではなく、「もったいないお言葉」と受け止め、それに対してうれしい、光栄といった気持ちを伝えるほうがスマートです。

○ **私にはもったいないお言葉ですが、とても励みになります**

　　目上の相手から、思いもよらない称賛や評価をもらったときに使います。

Column
5

結婚式の席での忌み言葉

　結婚のお祝いを言葉で伝える際は、「切れる」「別れる」といった"別れ"を連想させる言葉や、再婚をイメージさせる「重ね言葉」を使うのは控えましょう。

　不吉な予感を与える忌み言葉は、できるだけ縁起の良い言葉や肯定的な表現に置き換えて使えば、差し支えありません。

【別離を連想させる言葉】

　切る　別れる　帰る　去る　戻る　離れる　終わる　壊れる　破れる　など

これから夫婦として新生活のスタートを切るわけですが
　　　　　　　　　　　　　　　　→ が始まりますが

料理が冷めないうちに召しあがってください。
　　　　　　→ 温かい

終わりに一言申しあげます。
　　　→ 結び

【繰り返しを連想させる言葉】

　重ね重ね　重々　返す返す　再び　再度　くれぐれも　など

新郎の活躍は重々存じていますが
　　　　　　　　→ 十分
　　　　　　　　→ よく

くれぐれもお幸せに。
　　　　→ いつまでも
　　　　→ 末永く

140

お礼・感謝

断り・拒否

謝罪・反省

依頼・提案

紹介・仲介

意見・抗議

謙遜・配慮

称賛・評価

報告・連絡

贈答

もてなし

感情に訴える

8 称賛・評価

相手の良さや魅力をとらえ、さりげなく伝えることができれば好印象を残せます。不快感を与えない、相手を褒めるときの言い回しを紹介します。

あか抜ける

類……おしゃれな　センスがよい　趣味がよい
意……洗練されて、すっきりと美しいこと

容姿や態度が都会風にすっきり洗練されていること

「あか抜ける」とは、姿・形・色などが都会風に洗練され、すっきりとして美しくなること。漢字では「垢抜ける」と書き、垢が抜けてさっぱりとすることから、気がきいている、粋である、洗練されて素人っぽさや野暮ったいところがなくなることを指すときに使います。

　もともとあか抜けている人に使うこともあれば、徐々に変化してあか抜けていく様を指して使うこともあります。

　反対に、野暮ったいことを「あか抜けない」と言います。

スーツのかっこいい着こなしを、彼はわきまえているね。
　　　　　┗→ **着こなしがあか抜けるポイント**

　いつもセンスのいい着こなしをしている人のことを「あか抜ける」を使って、具体的に評した例。

学生時代から比べると見違えるほど**あか抜けてい**たので、驚きました。

> 年齢と経験を重ね洗練されていった様子を「あか抜ける」を使って伝えています。

誂え向き
あつら

類……最適　打ってつけ　好都合
意……誂えたようにぴったり合っていること

ぴったり合っているときに

　注文して、自分の体形に合わせてつくることを「誂える」と言いますが、まるで誂えたかのように人、物、状況が望み通りになっていることを「誂え向き」と言います。

> よく目立つデザインで、イベントにはぴったりのTシャツですね。
> お誂え向き←
>
> > イベントを盛りあげるのに効果的なデザインということを伝える一文です。「ぴったり」という副詞を使うよりも、知的に表現しています。

 この本は事例が多数紹介されているので、初心者に**お誂え向き**だと思います。

> 初心者に適した内容の本である、と伝える一文。

お礼・感謝
断り・拒否
謝罪・反省
依頼・提案
紹介・仲介
意見・抗議
謙遜・配慮
称賛・評価
報告・連絡
贈答
もてなし
感情に訴える

「誂え向き」の類語「打ってつけ」

釘で打ちつけたように、よく合っていてふさわしいこと。
ぴったりだ、という良い意味で「打ってつけ」を使います。

マスコットガールに打ってつけの女性がいます。

一目置く

類……認める　高く買う
意……敬意を表し、一歩譲ること

相手の能力の高さを認めるときに

　相手が自分より優れていることを認め、敬意を払うという意味で「誰もが一目置く人物」という使い方をするほかに、能力が上の者が同等以下の者の能力を認める場合にも用います。

　囲碁で弱い打ち手のほうがハンデとして最初に「一目」置かせてもらってから勝負を始めることからきた言葉です。

営業成績が常にトップの佐藤さんは、社内でも高く評価されています。　**一目置かれる存在です**←

　同じ意味で、かつ失礼な物言いでなかったとしても、慣用表現を使ったほうがイメージがより相手に伝わりやすくなります。

営業本部長が彼に<u>一目置く</u>のは、顧客本位の営業姿勢が評価されているからです。

> 部下の能力を上司が認め、高く評価するような場合も「一目置く」を使います。

打てば響く

類……反応が早い　つうと言えばかあ
意……働きかけるとすぐに反応すること

頭の回転が速く、聡明な人のことを言うときに

　働きかけに対し、すぐに反応があること。鐘や太鼓をたたくと音がするように、投げかけるとすぐ反応する様子を指します。

　投げかけた言葉に対して即座に対応ができる聡明な人に対しても使います。

> **新人ながら佐藤さんは、何か言えば<u>ぱっと受け答えができる</u>ので感心しました。**
>
> 　　　　　┗━▶打てば響くような人で
>
> 経験の浅い新入社員でも、上司や先輩に対する受け答えが早くて明快な様を伝えています。期待に応える能力があることを褒めるときに「打てば響く」を用います。

 彼のように<u>打てば響く</u>タイプの人と一緒に仕事すると、とても刺激になりますね。

> 作業や対応、やり取りが早くて確実なことを「打てば

響く」と表現することで、仕事ができる人物であると
伝えます。

 **彼女は注意すると打てば響くような過剰な反応を
します。**

> 働きかけることで思わしい効果やポジティブな反応が
> 現れることを指すのが「打てば響く」で、過敏な、神
> 経質なという意味では使いません。

うらおもて
裏表

類……陰ひなた　裏腹　裏側
意……物事の表と裏

言動や態度に表と裏の違いがある人、ない人

「うらおもて」と読みます。意味は、物事の隠されていて
見えない面と目だっていて見える面のこと、あるいは、そ
れが一致しないことを指します。

　表立っては良い人に見えるが、内面は違う場合は「裏表
のある人」。陰ひなたがなく、内実と表面が違わず一緒の
人を「裏表のない人」と言います。

佐藤さんほど裏のない人はいません。

→ **裏表**

> 裏だけにフォーカスすると、「他意がなく、人をだまそう
> という裏の顔がないこと」を強調しますが、両面からとら
> えると全体的な人となりが伝わります。

お礼・感謝

断り・拒否

謝罪・反省

依頼・提案

紹介・仲介

意見・抗議

謙遜・配慮

称賛・評価

報告・連絡

贈答

もてなし

感情に訴える

彼女は誰に対しても裏表なく接する人です。

　人によって態度が変わることがない様子を「裏表なく」として、信頼できる人であることを伝えます。

「表裏」とは？

　外面と内面の両面をセットで表現する言葉が「表裏」です。良い面、悪い面の両方を共に、という意味で使います。

　相反する二つのものが大もとでは一つであるとか、二つのものの関係が密で切り離せないことを「表裏一体」と言いますが、これも外面、内面の両面を指しています。

人生の表裏を味わった。

　対して、具体的な物の表と裏を一つずつとらえる場合は、「裏表」を用いることが多くなります。裏の面（悪い面）、表の面（良い面）それぞれを指します。

業界の裏表を知り尽くしている。

感じ入る

類……感嘆する　印象深い　敬服する
意……すっかり感心する

相手の行為に敬服を覚えたときに

　相手の言動に対してひどく感心することを指します。「感じ」の後につく「入る」は、すっかりその状態になるという意で、感じるという行為を一層強める働きをします。

お礼・感謝

断り・拒否

謝罪・反省

依頼・提案

紹介・仲介

意見・抗議

謙遜・配慮

称賛・評価

報告・連絡

贈答

もてなし

感情に訴える

部長のお話に感心しました。

→ 感じ入りました

「感心」は本来、目上の者が下の者、あるいは同等の者の優れた行為に対して感動し、褒めるときに使う言葉。目上の相手に対しては「感心」の代わりに「感じ入る」や「敬服する」を使うのが適切です。

 慈愛に満ちた言葉だったと感じ入りました。

心に深く感じた様子を「感じ入る」を使って表した一文。

 狭き門だっただけに、資格試験に合格できてよかったと感じ入りました。

つくづく思うとか、しみじみ思うという意味で「感じ入る」を使うのは誤りです。

気が置けない

類……気が許せる
意……相手に気配りや遠慮をしなくてよいこと

気楽につき合える人に対して使う言葉

　遠慮がいらなくて安心して気軽につき合えることを「気が置けない」と言います。

「難しい人」「気を許せない人」という言葉とは逆の意味でとらえられていることが多く、注意が必要です。人に対して使う以外にも、気軽に入れるという意味で「気が置けないレストランだ」といった表現もあります。

佐藤さんはつきあいやすい人ですね。

→ 気が置けない

友人や同僚として遠慮や気をつかわずにすむ相手、心を許せる人に対して「気が置けない」という言い方をします。

 参加者は気の置けない人ばかりなので、ぜひ交流会に参加してください。

気をつかう必要がない人たちばかりの集まりなので、という意味の例文。形容詞として使うときは「気の置けない」ともいいます。

 田中さんは気が置けないから気をつけたほうがいいですよ。

気配りや遠慮をしなくてはならない人のことを「気が置けない人」というのではなく、その逆で、気配りや遠慮をしなくてよい人のことを指します。「置けない」が否定形だからと、気を許せない、油断できないととらえるのは誤りです。

玄人はだし
くろうと

類……素人離れ　プロ顔負け
しろうと

意……その道の専門家もかなわないほどであること

プロ顔負けの技量を持つ人に対して使う

　専門家ではないのに、専門家も及ばないくらいの力があることを指します。

　その道で生計を立てる専門家や、特定の分野を深く研究

して詳しく知っている人のことを「玄人」と言いますが、そんな玄人が恥ずかしくてはだしで逃げ出すほど、達者な腕前を持つことです。

佐藤さんはすごい腕前のピアノ演奏を披露し、会を盛りあげました。 ⌐→ 玄人はだし

> 専門家ではないのに、プロ顔負けの技量を持つ人への称賛を込めて「玄人はだし」を使います。

 彼の料理は素人はだしの腕前です。

> プロ顔負けのアマチュア、つまり素人を称賛するからといって「素人はだし」とするのは間違いです。素人がはだしで逃げ出すほどの腕前ではなく、玄人が逃げ出すほどの技量を指す言葉が「玄人はだし」だからです。

 さすが、プロが撮影した写真は玄人はだしですね。

> その道で生計を立てている人の技術や作品を「玄人はだし」と褒めるのは相手に対して失礼です。プロであれば素人には真似できない高度な技量を持って当然です。

 Tips

素人と玄人

　ある物事に経験があまりなく、それを職業や専門としない人を「素人」と言います。もとは、芸のない白塗りしただけの遊芸人を「白人（しろひと）」といったことから転じた言葉です。

　素人に対して、その反対の意味でできた言葉が「玄人」です。

お礼・感謝
断り・拒否
謝罪・反省
依頼・提案
紹介・仲介
意見・抗議
謙遜・配慮
称賛・評価
報告・連絡
贈答
もてなし
感情に訴える

149

ご多分に漏れず

類……例外でなく　ほかと同じく　ありふれた
意……世間の多くの例と同じに

良い意味ではない一般的な事柄に用いる

ほかの大部分のことと同様に、という意味ですが、「ご多分に漏れず好調だ」のように良い事柄に対しては用いません。

ほかの企業と同様に長引く不況の中で耐え忍んでいることや、以前から同じような売上が繰り返し続いているような状態を伝えるときに使う表現です。

ご多聞に漏れず、当社も離職率の高さが課題でした。

　➡ ご多分に

「ご多聞」と書くのは誤り。同じ読みですが、「多聞」は多くを聞き知ることで、「多分」はたくさん、大多数という意味です。

○ ご多分に漏れず私の営業エリアでも少子高齢化が進んでいます。

多くの人や物事がそうであるように、という意で課題や問題点をあげるときに用います。

お礼・感謝

断り・拒否

謝罪・反省

依頼・提案

紹介・仲介

意見・抗議

謙遜・配慮

称賛・評価

報告・連絡

贈答

もてなし

感情に訴える

しっくり

類……馬が合う　意気投合　心が通う
意……気持ちがぴったりと合う

心に隔たりを感じない状態を伝えるなら

　人に限らず、物事の収まりがよいときに使う言葉が「しっくり」ですが、人に対しては心に隔たりが感じられないときによく使います。

　反対に、うまく調和できない場合は「しっくりしない」「しっくりいかない」と言います。

> **部署内の雰囲気がいいのは、部長と課長の間が仲良くなった証拠です。**
>
> 　　→**しっくりといっている**
>
> 人と人の関係が良好な状態を指して「しっくりといく」と言います。「仲良くなった」では「以前は悪かったのか」という疑念を抱かせてしまいます。

以前から、彼とはどうもしっくりいかなくて……。

考え方や感覚が違いすぎて反発を感じてしまう人に対して「合わない」「好きになれない」と言い切ってしまうより、「しっくり」を使えば表現が穏やかになります。「馬が合わない」「反りが合わない」とも言いかえることもできます。

筋がいい

類……見込みがある　上手な　勘のよい
意……素質がある

才能や素質がある人のことを言うときに

　スポーツや習い事など、素質があることを指すときに使います。経験者や上級者が初心者に対して使うことが多い言葉です。

　そもそも「筋」とは、血筋を受け継いだ素質のこと。したがって、その技能に適した素質があることを「筋がいい」と言います。また、囲碁や将棋で手の進め方が理にかなっていることを指すという説もあります。

> **佐藤さんはゴルフが初めてにしては、なかなかやりますね。** 筋がいいですね ←
>
> 初めてプレイする人に対して経験者や上司が、素質があることを褒めるときに「筋がいい」というフレーズをよく使います。

 （スキー場で）先輩はなかなか筋のいい滑りをなさいますね。

> 自分のほうが経験者だったとしても、目上の相手に「筋がいい」と言うのは、褒めたつもりでも初心者扱いして、見下したことになるので、使用は避けます。「なさいますね」と敬語を使っても失礼であることに変わりありません。「初めてとは思えません」「いい感じですね」とするほうが無難です。

お礼・感謝

断り・拒否

謝罪・反省

依頼・提案

紹介・仲介

意見・抗議

謙遜・配慮

称賛・評価

報告・連絡

贈答

もてなし

感情に訴える

涼しい顔

類……そ知らぬ顔　しれっとした顔　何食わぬ顔

意……そ知らぬ顔をしてしらばくれていること

知っているのに知らんぷりをする人のことを指す言葉

　関係があるのに関係がないふりをして、すましている顔つきをしている人に対して用います。

　注意したいのは「仲間がミスをして怒られていたのに、自分は関係ないからと、彼は涼しい顔をしていた」という用法。そもそも最初から関係がなく、「平常通りの顔」をしている人を指して「涼しい顔」は用いません。

> **あれだけのミスをしておきながら、他人事みたいに何の対処もしてないなんて信じられない。** ┗→**涼しい顔で**
>
> 自分が当事者でもあるのに、まるで他人事のようにそ知らぬ顔をしていることを「涼しい顔をする」と言います。

○ 彼は自分の仕事を人に押しつけて、涼しい顔で会合へ出かけました。

> 自分が人に負担や迷惑をかけているにもかかわらず平然としている人に対して使うのが「涼しい顔」です。悪い意味で人を評価するときに用います。

✕ 佐藤さんはどんなに注意されても、涼しい顔をしています。

> 人の意見を聞く姿勢がないという意味で使う場合は、「涼しい顔」ではなく「聞く耳を持たない」とするの

153

が妥当です。

 自分には関係ないからといって涼しい顔をするのは、いかがなものかと思います。

関係があるのにそ知らぬふりをするのが「涼しい顔」であり、関係や責任がない人には使いません。

引けをとらない

類……負けない　遜色ない　見劣りしない
意……他に劣らない

決して劣ってはいないときに

勝負や競争をしても、相手に比べて劣っていたり、相手に先を越されたりしていないときに使うのが「引けをとらない」です。その分野でずば抜けて優れていることを「誰にも引けをとらない」と言います。

彼はネイティブにも劣らない英語力を持ち合わせています。
　　　　　　　　　　　└─→ 引けをとらない

ネイティブスピーカーの人とも互角にコミュニケーションが取れる高い能力を持っていることをアピールしています。

 釣りの腕前では佐藤さんに引けをとらない自信がありますが、魚料理の腕前ではかないません。

人と比べて劣る点をあげた後、別のことでは負けない、劣ってないという言い方もできます。

人となり

類……人柄　人物
意……生まれつきの性格

どんな人物かを伝えるときに

その人の生まれ持った性格や人柄のこと。

とくに好意的に伝えるときに「〜な人となり」「〜さんの人となりは」のように使います。

彼の誠実さは昔から変わりません。

→ な人となり

「人となり」とすることで、その人のこれまでの生き方まで想像が及びます。

○ **人との接し方を見れば、おのずと彼の人となりがわかります。**

身なりや言動からその人の人格や性格が浮かび上がってくる様を伝える言い方です。「〜を見れば、人となりがわかる」のほかに「〜から人となりがわかる」という使い方もあります。

○ **そんな心遣いに佐藤さんの人となりが窺えます。**

その人の様子がわかることを「〜さんの人となりが窺える」と言います。亡くなった人のことを語るときは「偲ばれる」を使います。

✕ **彼女はよくできた人となりです。**

「人となり」は生まれつきの性格のことですから、「よくできた人となり」という言い方はしません。

目のつけどころ

類……着眼点　特筆すべき点　視点
意……注意を向けるべきところ

注目するポイントを褒めるときに

　着眼点がよいことを「目のつけどころがよい」、発想の面白さを褒めるときに「目のつけどころが違う」のように用います。

　ものの見方を通じて、その人がどのような視点を持つかを伝えます。

┌─ 目のつけどころが

やはり、素人とは違いますね。

　人とは視点が異なることを褒めるときの言い方。素人は気づかないような視点を称賛しています。

 どうやら彼の目のつけどころが違っていたようです。

　「目のつけどころが違う」とは、人とは着眼点が違うという意味。判断を誤る「見当違い」とは異なります。

9 報告・連絡

相手に状況を説明するときに、一言添えるとやり取りがスムーズにいくことがあります。どんなに忙しくても気持ちよく対応したり、対応してもらうための言葉のセンスを磨きましょう。

あらまし

類……おおむね　あらかた　概要　概略
意……だいたいの内容

大体のところを伝える

　物事の経緯や顛末などを、ポイントを絞ってわかりやすく伝えるときに使います。漢語では「概要」「梗概」とも書きます。

> **計画のおおよその内容は下記の通りです。**
> └→あらまし
>
> 内容の概略を伝えるときに「〜のあらましは」と使うことができます。

 新社屋はあらまし完成しています。

> 副詞として「大体、おおよそ」という意味で使う場合もあります。「あらかた」と言いかえることもできます。

お礼・感謝

断り・拒否

謝罪・反省

依頼・提案

紹介・仲介

意見・抗議

謙遜・配慮

称賛・評価

報告・連絡

贈答

もてなし

感情に訴える

157

言わずと知れた

類……わかりきった　言うまでもない　当然
意……わかりきったこと

知っているとは思うが、という意味で使用

　改めて言わなくても十分にわかっている、誰でも知っているという意味。いちいち言うまでもないことだが、という前置きに使うことが多い言い回しです。

「言わずと知れた」ことをあえて言うなと思う人もいるかもしれませんが、強調・注意喚起を意図して用いられることがあります。

―― **言わずと知れた、**
↓**技術部門の功労者が山田会長です。**

　　誰もが知っていることではあるけれど、あえて言うことで
　　強調するようなとき「言わずと知れた」を用います。

○ **言わずと知れた**ことですが、健康維持のためには
バランスのとれた食事が基本です。

　　「言わずと知れた」の後ろに「ことだが」「ことですが」
　　を添えることもあります。

158

お礼・感謝

断り・拒否

謝罪・反省

依頼・提案

紹介・仲介

意見・抗議

謙遜・配慮

称賛・評価

報告・連絡

贈答

もてなし

感情に訴える

言わずもがな

類……不必要な　余計な　言うまでもない
意……言わないほうがいい

あえて言いたいことがあるときに添える一言

　言葉にしなくていい、むしろ言わなくていい、口に出す必要はない、というときに用います。また、言うまでもないこと、という意味でも使います。

　目上の人やその道に長けた人に対して、「もしかしたら気づいていないのではないか？」「じつは知らないのではないか？」と疑問を持ってしまうような状況があるかもしれません。ストレートに聞いたら相手の顔に泥を塗ったり、怒りを買うおそれもあります。質問したり、意見を言ったりするときには、「言わずもがなですが」の一言を添える方法もあります。

現場をよく知る者に対しては少々クドい話でした。

→ **言わずもがなの**

言う必要がない、という意味で「言わずもがな」を使った例。

このあたりのことをよくご存じの佐藤さんに言わずもがなのことを言うようですが

言わないでおいたほうがいいことをあえて口にするとき「言わずもがなのことを言う」という使い方をします。

159

彼女は、英語は言わずもがな、中国語でも交渉できます。

> 「言わずもがな」には、言うまでもなく、もちろん、という意味もあります。

 今回の件は部長には言わずもがなでお願いします。

> 言わないでほしい、と口止めするときに「言わずもがな」を使うのは間違いです。「内密に願います」とするほうが適切です。

おおむね

類……あらまし　およそ　ざっくりと
意……だいたい

ざっくり物事をとらえるときに

　細かいことは問題にせず、物事を大まかにとらえるときに用います。「だいたい」とか「まあまあ」と言うより、確かさが感じられる言葉が「おおむね」です。

先方にだいたいはご了承いただいています。
　　　　　　➡おおむね

> だいたいのところは、という意味で、「おおむね」を使った例です。名詞として使うときは「あらまし」と同じ意味になります。

新規プロジェクトはおおむね順調に進んでいます。

> 副詞として「おおむね」を使用した例。「おおむね〜」と形容詞や動詞とともに使い、だいたい、という意味になります。

かいつまんで

類……手短に　要点だけ　摘要
意……端的に言うと

要点をまとめて伝えるときに

　込み入った内容についてポイントを押さえて説明するときに「かいつまんで説明すると」のように使います。

経過を簡単に申しあげます。

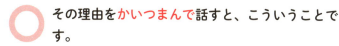
→ **かいつまんで**

> 「かいつまんで言う」はポイントや大筋を示すこと。目上の相手に対しては「言う」の謙譲語「申しあげる」を使います。「簡単に」を使うよりも、整理してポイントを押さえている印象を相手に与えます。

 その理由をかいつまんで話すと、こういうことです。

> 「かいつまんで話す」は、「手短にまとめると」という意。端的にわかりやすく状況を伝えるときに用います。

お礼・感謝
断り・拒否
謝罪・反省
依頼・提案
紹介・仲介
意見・抗議
謙遜・配慮
称賛・評価
報告・連絡
贈答
もてなし
感情に訴える

重要なところだけ、かいつまんでご説明します。

「かいつまんで」の後に続く言葉には「説明する」「述べる」「報告する」などがあります。

立て込む

類……バタバタする
意……一度に重なる

忙しくて対応できないときに

いろいろな用事が一度に重なることや、人や物が一カ所にたくさん集まって混み合う場合も「立て込む」と言います。

多忙を極め、相手への対応が疎かになっているとき、「バタバタしていて」という代わりに「立て込んでおりまして」、人が集中して混み合っているときは「店内が立て込んで」、予定が詰まっているときは「予定が立て込んで」という使い方をします。

少々業務がバタついておりまして、返信が遅くなり失礼いたしました。 ┗━➡ 立て込んで

仕事に追われて相手への連絡が遅れたときは「忙しくて」の代わりに「立て込んで」を使うほうが好ましい。忙しいのは自分だけでなく、相手も同様。「忙しい」ばかり言うのは、他人に気が回っていないことを自ら宣言しているようなものなので気をつけましょう。

今日は立て込んでいるので、明日、伺います。

いろいろと用事があって時間が取れないので、別の日を提案するときの言い方です。仕事に追われているときは、「立て込んでいるので」を理由に延期や断りを申し出るとよいでしょう。

 お客様が立て込む時間帯は避けて、打ち合わせの時間を設定していただけますか。

客足が集中する、という意味でも「立て込む」を使います。

つつがない

類……変わりなく　無事である
意……何事もなく

病気や災難がなかったときに

　病気や災難などがなく、平穏無事であること。何事もなく物事が無事に終わったときに「つつがなく〜した」という形で使います。

　語源は、病気を意味する「つつが」に「無し」がついたという説、差し障りを意味する「つつみ」に「無し」がついたという説、人を刺すツツガムシがいなければ安泰であることからきたという説など、諸説あります。

イベントは予定通りに全2日間の日程を終了しました。
┗→ **つつがなく**

トラブルもなく無事に日程を終えたことを伝えるときに、

お礼・感謝

断り・拒否

謝罪・反省

依頼・提案

紹介・仲介

意見・抗議

謙遜・配慮

称賛・評価

報告・連絡

贈答

もてなし

感情に訴える

「つつがなく終了した」「つつがなく終えた」のような言い方をします。

 おかげで一同つつがなく過しております。

> 病気や災難などがなく無事に過ごしているときに使います。

 つつがなく結婚式が終わりました。

> 何か問題が起きても不思議ではない状況で、何も起こらなかったときに使うのが「つつがなく」。異変やトラブルがなくほっとした、という心情を伝える言葉なので、結婚式や祝いの席で使うのは控えましょう。
> 病気やけがで入院しており、回復して無事に退院するときには「つつがなく退院しました」のように使います。

取り込み

類……混雑　手が離せない
意……ごたごたすること

多忙な相手を気遣う一言

　不意の出来事でごたごたすることを指します。

　取り込んでいるなのはわかっているが、あえて連絡する必要があるとき、相手を気遣いつつ、「お取り込みのところ」「お取り込み中」と呼びかけます。

　また、現時点で応対できない、あるいは応対したくない相手に対して「取り込んでおりますので」という言い方をします。

今忙しいので、後ほどこちらから連絡します。

┗━▶ **ただ今取り込んでおります**

ほかのことに手を取られ、対応できないことを相手に伝えるときに「今、忙しいので」とか「それどころではない」と言うのは失礼。「取り込んでいるので」「取り込み中なので」を使うと角が立ちません。

 お取り込み中のところ恐れ入りますが、部会への参加の可否をお知らせいただけますか。

多忙な客先や目上の相手に連絡するときに用いるのが、「お取り込み中のところ恐れ入りますが」です。相手への敬意と恐縮する気持ちを込めたを込めた言い回しです。

めど

類……見通し　目星　目安　目標
意……見込み

将来の見通しがわかるときに

　物事の見通しのこと。完成や実現に向けて近づいたところ、という意味です。
「めどが立つ」「めどがつく」とは、物事が達成するまでの見通しをつけること。逆に見通しがつかないことを「めどが立たない」と言います。

今月いっぱいで企画書の作成をお願いします。

┗━▶ **をめどに**

165

いつまでに、という完成の見通しを伝えるときに「めど」を使った例。何月何日までにと厳密に指定せず、一つの目安を提示する場合に使います。

○ **来年をめどに、もう一つ拠点を増やす予定です。**

目標を達成する期日を掲げるとき、「〜をめどに〜する」という言い方をします。

○ **やっと返済のめどが立ち、ご連絡した次第です。**

問題解決の見通しがついたことを「めどが立ち」を使って示しています。「めどがつき」と言いかえることもできます。

○ **いつ業務を再開するか、まだめどが立っていません。**

見込みや見通しがはっきりと立たないときには「めどが立たない」を用います。

やぶさかでない

類……構わない　異存はない　ためらいなく
意……努力を惜しまず喜んでする

自ら進んで対応しようとするときに

　やぶさかは漢字で「吝か」と書き、ケチで物惜しみする様、思い切りが悪い、という意味があります。「〜にやぶさかでない」と打ち消す形で、努力を惜しまず対応する、自ら喜んで取り組むときに使います。

お礼・感謝

断り・拒否

謝罪・反省

依頼・提案

紹介・仲介

意見・抗議

謙遜・配慮

称賛・評価

報告・連絡

贈答

もてなし

感情に訴える

会長は、社員の努力を評価するにやぶさかな様子です。

やぶさかでない←

「〜にやぶさかでない」の形で、〜する努力を惜しまない、喜んで〜するの意で用います

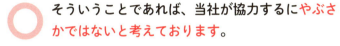

○ **そういうことであれば、当社が協力するにやぶさかではないと考えております。**

喜んで協力します、という意を伝える文例。

✕ **彼女と仕事するのはやぶさかでないとはいえ、気が進みません。**

「やぶさかではない」を誤った意味で使っている例です。本来は喜んでするという意味の言葉ですが、例文のように仕方なく、嫌ではない、という意味で用いるケースが増えているので注意しましょう。

よしなに

類……よろしく　よいように　適切に
意……うまい具合になるように

文末やしめくくりの言葉として

　最終的によい具合になるように、という意味。「どうかよろしく」の古風な言い方。うまくいくように取り計らってください、という意味で「どうぞ、よしなに」と表現します。

167

お取り込み中のようなので、後ほどお伝えください。

⤳ → **よしなに**

あえて相手に時間や手間をとらせず、その場を後にする際、
「～によしなにお伝えください」と相手に間接的にあいさつ
するときに使います。「後ほど」では、後回しにされること
もあるので、ここでは「適切に」というニュアンスをつけ
加えたほうがベターです。

○ **どうぞ、よしなにお取り計らいください。**

「よろしくお願いします」と相手に念を押すときの、
古風な言い方。

お礼・感謝

断り・拒否

謝罪・反省

依頼・提案

紹介・仲介

意見・抗議

謙遜・配慮

称賛・評価

報告・連絡

贈答

もてなし

感情に訴える

10 贈答

物を贈るときに、相手に喜んでほしいと誰もが思うことですが、その気持ちが押しつけがましく伝わったとしたら？　骨折り損にならないための言葉を選びましょう。

お納めください

類……お受け取りください
意……物やお金を受け取るべき相手に渡すこと

お金や物を渡すときに

お金や物などを受け取って自分のものとすること。贈り物などを自分の側に受け入れることを意味します。

お世話になった人にお礼の品やお金を渡すときには、「受け取ってください」と言う代わりに「納めてください」「お納めください」を使います。

> お中元（の品）をお送りしましたので、~~お受け取りください~~。　お納めいただければ幸いです ←
>
> メールやはがきで、相手に品物を送ったことを知らせるときに使う言い回しが「お納めいただければ幸いです」。「お納めください」とするより、さらに丁寧で、受け取ってもらえるとうれしい、という心情を伝えます。
>
> 時期によりお盆前なら「お中元」、年末は「お歳暮」、粗品

やちょっとした贈り物の場合は「心ばかりの品」とします。

 些少ですがお納めください。

些少（さしょう）

現金を相手に渡すときにも「お納めください」を使います。

お言葉に甘える

類……遠慮なく　素直に従う
意……相手の言葉、配慮を受け入れること

相手からの好意を受け止めるときに

　相手の好意や親切な申し出、物品をもらったときに、「お言葉に甘えて」という形で遠慮せずに受け取るときに用います。

お言葉に甘えて

それでは頂戴します。

頑（かたく）なに遠慮するより、相手の好意や思いを無にしないためにも、「お言葉に甘えて」を添えて「頂戴します」「いただきます」と受け入れることをおすすめします。

 Tips

　　相手の厚意や贈答品を遠慮するとき

「いいです」「結構です」と返すより、相手に不快感を与えない言い回しが「お気持ちだけいただきます」「お気持ちだけ頂戴します」です。

お礼・感謝

断り・拒否

謝罪・反省

依頼・提案

紹介・仲介

意見・抗議

謙遜・配慮

称賛・評価

報告・連絡

贈答

もてなし

感情に訴える

お気持ちだけありがたく頂戴しますので、どうぞ、お気遣いなく。

おすそ分け・お福分け

類……シェア　分配
意……人に物を分け与えること

もらいものの一部を人に渡すときに

　もらったものや利益の一部を分けて人に与えること。「裾分け」を丁寧に言った語が「おすそ分け」です。もらいものをしてうれしい気持ちを親しい人にわずかでも分け与えたい、という心情を表します。

「裾」とは着物の端の部分で、そもそも粗末なものを分けることから転じた言葉とされるのが「裾分け」です。たとえ高価なものでも、目上の相手に「おすそ分け」は好ましくなく感じる人もいますので関係を考えてみましょう。

佐藤先生から旬の牡蠣のお裾分けにあずかりました。

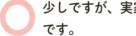 **お福分け**

目上の相手から物を分けてもらう場合は「お福分け」を使います。上司から品物を分けてもらうときは「部長からのお福分けです」のように使います。

○ **少しですが、実家から届いたみかんのおすそ分けです。**

もらいものの一部を人に分けるときに「おすそ分けです」「おすそ分けします」のように使います。

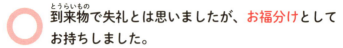 到来物で失礼とは思いましたが、**お福分け**として
お持ちしました。

「到来物」とはいただきもののこと。目上の相手にもらいものを渡すときも「お福分け」を使う言い方もあります。

 余っているなら、少し**おすそ分け**してください。

自分から人に分け与えるのが「おすそ分け」で、人に要求する場合は「分けてもらえませんか」「いただけませんか」とするのが適切です。

お持たせ

類……お持ちいただいた品
意……客が持ってきた手土産

お客様の手土産をすぐ出すときに

客人が持ってきた手土産のこと。それを持ってきた相手を敬って「お持たせ」と言います。「お持たせ」は、「お持たせもの」の略です。

お客様が持ってきた手土産を、受け取った側がその本人へのもてなしとして出すときに「お持たせですが」と使います。

いただいたばかりのものを出すのは恐縮ですが、お一つどうぞ。　→ **お持たせで**

「お持たせで恐縮ですが」のほかに「お持たせで失礼ですが」とも言います。「お客様からいただいたものを、お客様に出す」というのはややこしいですし、恐縮することですが、一言で表すのがこの言葉です。

口に合う

類……好み　嗜好
意……好みに合っている

相手の好みに合うかを気遣う一言

手土産を渡したり、飲食物を贈ったりするときに、相手の好みに合っているかどうかを気遣う一言として「お口に合いますかどうか」「お口に合うとよろしいのですが」を添えます。
「お口」は相手の好みを意味します。

実家でつくっている桃ですが、おいしいかどうかわかりません。 お口に合いますかどうか

相手に品物を渡すとき、高価で上質なものではないけれど、という謙遜の意を含めて「お口に合いますかどうか」を使います。

広島で評判のお菓子をお送りしました。お口に合うとよろしいのですが。

贈った品が相手の好みに合うかどうかを案じるフレーズが「お口に合うとよろしいのですが」。食べる側を

お礼・感謝　断り・拒否　謝罪・反省　依頼・提案　紹介・仲介　意見・抗議　謙遜・配慮　称賛・評価　報告・連絡　贈答　もてなし　感情に訴える

敬う言い回しです。

口汚し

類……口ふさぎ
意……人に食べ物をすすめるときに使う言葉

相手を十分に満足させられないと、謙遜して

　相手に食べ物をすすめるときのへりくだった言葉。

　粗末なもの、わずかなものしか用意できず、相手を十分に満足させることはできないが、という恐縮、謙遜の気持ちを伝えるときに「お口汚しですが」を使います。

大したものは出せませんが、どうぞお召し上がりください。　　→ **ほんのお口汚しではございますが**

　相手に飲食物を渡すときや料理をすすめるときに使うへりくだった言い回しが「お口汚しですが」です。「これ、おいしいですよ！」「珍しいものですから、どうぞ！」とアピールする言い回しとは反対に、控えめにすすめるときの日本的な表現です。「ほんの」を添え、強調します。

心遣い

類……気を遣うこと
意……物事がうまくいくように、あれこれと気を配ること

贈り物へのお礼に添える一言

　贈り物を受け取る側として相手に返すときに用いる一言が「心遣い」に「お」をつけた「お心遣いいただき」です。いただきものへのお礼の言葉として、「ありがとうございます」の前に用います。

┌─ **お心遣いいただき、**
いつも↓ありがとうございます。

> お中元やお歳暮など、毎年、贈答品を送ってくれる相手に対してお礼を伝えるときは「いつも」を「お心遣いいただき」の前に添え、変わらぬ配慮への感謝を伝えます。

○　**ご祝儀などのお心遣いは、どうかご無用にお願いいたします。**

> 記念式典や祝いの席に、祝儀の気遣いをしてくれる相手に敬意を払いつつ、丁重に断る場合に、このように伝えます。

心にかなう

類……しっくりくる　満足する
意……気に入る

贈り物を渡すときに添える一言

「かなう」とは「あてはまる」という意。つまり「心にかなう」は、「心で望んでいる通りになる」ということで、端的にいえば「気に入り、満足する」ということです。
「この品があなたを喜ばせるものであればよいのですが」

という気持ちで用います。

気に入るかどうかわかりませんが、お受け取りくださ
い。 ➡ **ぜひ、お受け取りください。お心に**
かなうとうれしいです。

「わかりませんが」と否定的な言葉より、「お心にかなうと
うれしい」と肯定的に言うほうが相手に好印象を与えます。

○ **地元の特産品を選りすぐってお届けしましたが、**
お心にかないますかどうか。

相手に気に入ってもらえそうなものを選び抜いて送っ
たが、満足してもらえるだろうか、と案じる言葉が「お
心にかないますかどうか」です。

心ばかり

類……形ばかり　ささやか　些少

意……ほんの少し

大げさなものではなく気持ち程度の、という意で

ちょっとしたものという意で使うのが「心ばかり」です。
「粗品」「寸志」「つまらないもの」と表現するよりは「心
ばかりのもの（品）」とするほうが相手に与える印象もよ
くなります。

お礼というほどのものではございませんが、本日、別
便にて粗品をお送りしました。
➡ **心ばかりの品**

お礼・感謝

断り・拒否

謝罪・反省

依頼・提案

紹介・仲介

意見・抗議

謙遜・配慮

称賛・評価

報告・連絡

贈答

もてなし

感情に訴える

自分へ贈り物をしてくれた相手にお返しをする場合、必要以上にへりくだらなくても「ほんの気持ちです」という心遣いが伝わる言い回しが「心ばかりの」です。

 つまらないものですが、皆さまで召しあがってください。

物品を贈るときに、謙遜の気持ちから「つまらないもの」という言葉を慣習的に使いますが、「心ばかりのものですが」として相手への心遣いを伝えたほうがベターです。

Tips

弔事のときに

弔事で、お供えやお花を送る場合も「心ばかりでございますが、御花料（おはなりょう）を別封にて送付いたしました」のような言い方をします。「心ばかり」のほかに「形ばかりで」「些少」といった言い回しもあります。

人からいただいた品は

自分から品物を贈るときは「心ばかりの品」と言うのに対し、相手から贈られた品物のことは「お品」「結構なお品」「ご佳品（かひん）」などと言います。自分から相手へ渡す「寸志（すんし）」に対して、相手からもらうときは「ご厚志（こうし）」という言い方をします。

結構なお品を頂戴し、ありがとうございます。

しるし

類……証し　証拠　気持ち
意……気持ちを表すもの

気持ちを表した品を渡すときに

　人に贈り物をしたり、手土産を渡したりするときに、大げさなものではないという謙遜を込めて「ほんのしるし」「お近づきのしるし」のように使います。控えめに言うことで、相手も受け取りやすくなります。

お礼の気持ちとして季節の和菓子をお持ちしました。

→しるしに

　相手へのお礼の気持ちを品物に代えてお渡しします、という例です。「気持ちとして」というのは、いささか押しつけがましい印象を与えるので、「しるし」とぼかして表現します。

しるしばかりですが、お納めください。

　「しるし」に副助詞の「ばかり」がついた「しるしばかり」は、形を示すだけで内容はわずかである、という意。ささやかですが受け取ってください、という気持ちを伝えます。

11 もてなし

日本人の美徳ともいえる「おもてなし」の心。人を招きもてなすとき、あるいは人からのもてなしを受けるときに知っておくとよい便利な言葉を紹介します。

余さずいただく

類……残すことなく　余すところなく　完食
意……余らせることなく

残さず食べること

　残すのがもったいないほどおいしかったので、余らせることなくいただきました、という意で使います。客人をもてなすときも、もてなされるときも用いる言葉です。

旬のものばかりですので、遠慮なく召しあがってください。
　　　　　　　　　　　　　└─▶ 余さず

> 来客をもてなし、「遠慮なくしっかり食べてください」と料理をすすめるときに「余さず召しあがって」を使います。

○ **えも言われぬおいしさの料理ばかりで、余さずいただきました。**

> 残さずすべていただきました、と伝えるのが「余さずいただきました」です。出された料理を残さずに食べ

179

ることは、それだけおいしかったということで、相手
のもてなしを行動で称えることにもなります。

いただき立ち

類……食べ立ち　食べてすぐ
意……もてなしを受けてすぐ席を立つこと

ごちそうになって、すぐ帰らなければならないときに

　ごちそうになって、すぐ席を立つことを言います。

　訪問先で食事をごちそうになりながら、食べてすぐ帰る
のは、まるで食べるためにだけ訪れたように映り、きまり
が悪いものです。それでも、どうしても退出する必要があ
る場合に「いただき立ちではございますが」と伝えます。

── いただき立ちで
▼ **大変申し訳ないのですが、失礼いたします。**

　　ごちそうになってからすぐ、退出しなければならないとき
　　「いただき立ちで大変申し訳ないのですが」を使います。「申
　　し訳ない」の代わりに「心苦しい」「恐縮」と言いかえるこ

ともできます。「いただきたちではなはだ勝手ではございますが」という言い方もあります。

腕によりをかける

類……意気込む　張り切る　意欲的に
意……十分に腕前を発揮しようとして意気込む

料理でもてなす意気込みを伝える

　客人をもてなすときに、全力をあげておいしい料理をつくりますよ、という意気込みをアピールするときに使う慣用句。

「縒(よ)りをかける」とは、何本かの糸をねじり合わせて一本にすること。そこから、本来持っている力を何倍にも束ねて、腕前を発揮しようとする姿勢を意味するようになりました。

この日のためにつくった料理ですので、ぜひ召しあがってください。 ┗━━▶ **腕によりをかけた**

自信をもって料理をすすめるときに、「腕によりをかけました」「腕によりをかけた料理です」のように言います。

○ **佐藤さんのために腕によりをかけてつくった料理です。**

「腕によりをかけて〜した」という使い方もします。

お礼・感謝
断り・拒否
謝罪・反省
依頼・提案
紹介・仲介
意見・抗議
謙遜・配慮
称賛・評価
報告・連絡
贈答
もてなし
感情に訴える

お足元の悪い中

類……わざわざ　ご足労

意……天候が悪い中、お越しいただく

悪天候でも訪れてくれた人に

　天気が悪く、出歩くのが面倒で大変だったであろうに、わざわざ訪ねてくれた相手を気遣うときに用います。遠方からの来客に対するねぎらいの気持ちを伝えます。

> ── お足元の悪い中、
> お越しいただき、ありがとうございます。
>
> 　「お足元の悪い中」を添えて、悪天候にもかかわらず、はるばる足を運んでもらったことへの感謝の気持ちを伝えます。

○　本日はお足元の悪い中、ご来場いただき深くお礼申しあげます。

　　　来場者へのあいさつの一文。悪天候にもかかわらず会場へ足を運んでくれた人への感謝を伝えます。天候に応じて「お寒い中」「お暑い中」と言いかえてもよいでしょう。

おいとまする

類……退出　帰る

意……その場を去ること

182

退出することを切り出すときに

「いとま」は「暇」と書き、暇なときとか、仕事を休むという意味のほか、人と別れることも指します。「おいとまする」の形で、退出すること、帰っていくことを意味します。

　訪問先を退出することを相手に告げる婉曲な言い方として「おいとまします」を使います。

> **長居しましたので、そろそろ帰ります。**
> 　おいとまいたします←
>
> 「帰ります」を丁寧に言うと「おいとまいたします」となります。去る理由「長居しましたので」を先にあげます。

すぐにおいとましますので、どうぞお気遣いなく。

訪問先で、「すぐに帰るので」という意で「すぐにおいとまします」を用います。

お口直し

類……箸休め
意……前に食べたものの味を消すために別のものを食べること

料理をひと通り振る舞った後で

　料理の最後に、大した料理も出せなかったので、という謙遜の意を込め「お口直しに」を使います。デザートやお茶で料理の味を消して忘れてください、という意味で客人

にすすめます。「お口に合いますかどうか」「お口汚しですが」などと同様、謙遜した言い回しといえます。

　転じて、嫌なことが起きたとき、ほかのことで気を紛らわして「気持ちを変える」という意で使うこともあります。

┌─ 口直しに
▼ **お茶をどうぞ。**

> 料理の最後に客人にデザートやお茶をすすめるとき、自分がそれまでに出した料理の出来を謙遜して、「お口直しに〜を」のように使います。

○ **お口直しに季節の果物をお召しあがりください。**

> それまで提供した料理の味を一度リセット、リフレッシュするためにフルーツやデザートを出すときに添える一言が「お口直しに〜をお召しあがりください」です。

お粗末さま

類……十分なおもてなしもできませんで
意……「ごちそうさまでした」への返答

十分におもてなしできなくて、と謙遜して

　食事を終えて「ごちそうさまでした」と言う相手に、謙遜とかしこまった気持ちで返すあいさつの言葉。「粗末」を丁寧に言ったのが「お粗末」で、上等でないことをへりくだって言うときに使います。

何のお構いもできず、すみません。
お粗末さまでございました←

「お粗末さま」をより丁寧に言ったのが「お粗末さまでございました」です。

家庭料理ばかりで、お粗末さまでした。

手料理を振る舞った際、客から「ごちそうさま」「おいしかった」と言われたときに、豪華な料理はつくれませんでしたが、と謙遜の意を込めて「お粗末さまでした」と返します。

お運び

類……おいで　ご足労
意……来てもらう、行ってもらうこと

人に足を運んでもらうときに

　客人が足を運んでわざわざ来てくれたときに用いるのが「お運びいただく」で、相手に来てもらうときには「お運びください」を使います。

このたびは、遠いところお越しいただき、ありがとうございます。
└→ **お運び**

相手が時間と労力を使って来てくれたことへの感謝の意を伝える一文です。

185

○ 万障お繰り合わせのうえ、お運びくださいませ。

ぜひとも、来てもらわなければ、という強い思いを伝えます。ちなみに「万障」とはさまざまな不都合のことで、「繰り合わせ」とは調整すること。「万障お繰り合わせのうえ」は相手にぜひ来ていただきたい、と伝える定型文です。

心置きなく

類……安心して　存分に
意……遠慮や気兼ねなく

気兼ねなく過ごしてほしい、と伝えるときに

支障になるものが取り払われ、自由でのびのびとした解放感を表す言葉で、遠慮しないで気兼ねなく、安心して、という意。

── 心置きなく
語り合いましょう。

何の気遣いもなく、という意味を込めて「心置きなく」を使います。

○ たまには同期だけで心置きなく飲みましょう。

気の置けない仲間と一緒に遠慮や気兼ねなく楽しんで飲もう、という意で「心置きなく」を使った例。

心尽くし

類……至れり尽くせりの　手厚い
意……人のためにこまごまと気を遣うこと

細やかな心遣いを感じたら

　人のために真心を込めて何かをするときに「心尽くしの〜」という形で用います。もてなすときの相手のことに配慮した対応や、心を込めてつくった料理などを指して言います。

　古くは物思いをすること、気をもむ、という意味でした。

名門旅館の素晴らしいもてなしに感じ入るばかりでした。 ➡ 心尽くしの

　　細かいところにまで配慮の行き届いた対応を評価するときにも「心尽くし」を使います。

○ **お心尽くしの料理に感激いたしました。**

　　もてなしを受けた相手へ手紙や口答でお礼を伝えるときは、相手の心遣いに敬意を払い「お心尽くしの〜」とします。

下（した）にも置かない

類……手厚い　心憎い　丁重な
意……とても丁寧にもてなす

特別な人として手厚く接するときに

　非常に丁重に取り扱って、下座に着かせないことを指します。

　客人として手厚くもてなすことを「下にも置かないもてなし」と言うほか、人に対して特別扱いすることを「下にも置かない扱い」と言います。「AはBを下にも置かない」も、AがBを特別に扱っているという意味です。

　　　　　　┌── 下にも置かない
　主催者側の▼応対に、出席者は皆、感激していました。

　　　人を丁重に扱うことを「下にも置かない〜」と言い、「扱い」
　　　「もてなし」「応対」「対応」などの言葉が続きます。

 初参加ということで、下にも置かぬ歓迎を受けました。

　　　「下にも置かない」のほかに「下にも置かぬ」「下へも
　　　置かない」という使い方もします。

 下にも置かない対応に憤りを感じました。

　　　「下にも置かない」は下座に着かせぬほど丁重に扱うこと。下座にすら着かさず、ひどい扱いをするという意味ではありません。「下にも置かない対応」に恐縮することはあっても、憤慨したり、怒りを感じたりするのは間違っています。

188

お礼・感謝

断り・拒否

謝罪・反省

依頼・提案

紹介・仲介

意見・抗議

謙遜・配慮

称賛・評価

報告・連絡

贈答

もてなし

感情に訴える

たまさか

類 ……たまたま　不意に
意 ……偶然に

偶然を装うときに

　そんなつもりはなく、たまたま、という意味で使います。「に」を伴って「たまさかに」と、副詞的に用いることもあります。

┌── **たまさか**
▼**ついでがありまして、立ち寄りました。**

　　わざわざ事前に連絡してから訪れると、相手に負担をかけることを気遣った、理由づけのための言い回しが「たまさかついでがありまして」です。

Tips

**招く側が「気軽に立ち寄ってくださいね」
というときは？**

「ついで」を使います。あることをするときに一緒にほかのこともする機会を意味します。

おついでの折にお立ち寄りください。

何なりと

類……何でも　何であろうと
意……どんなことでも

相手の意向に任せる姿勢を示すときに

　どんなことでも、どんなものでも、という意。相手の判断や気持ちに任せ、何でも応じます、という姿勢を表すときに使います。

ご希望があれば、何でもおっしゃってください。

　　➡ 何なりと

「何でも」よりももてなす心が伝わる表現です。「希望があれば、遠慮なく何でも言ってくださいね」という気持ちを伝えます。

○ **何なり**とお申し付けください。

「お申し付けください」は、目上の人から目下の人に「言い付ける」ことをへりくだった言い回しで、相手を立てる謙譲語に近い働きをします。

ゆるりと

類……ゆったりと　楽に　くつろいで
意……ゆったりとくつろいでいること

心身を緩めてもらうときの気遣いの言い回し

　心がゆったりとほどけた様子を指します。
「ご」をつけて「ごゆるりと」という形で、相手に楽にしてもらいたいときに使います。

ゆっくりとおくつろぎください。

→ ごゆるりと

相手にリラックスして過ごしてほしいと、という気持ちを伝えるときの言い回しです。「ゆっくりと」よりもエレガントさが増し、パーティの司会者などがよく使います。

どうぞ、ごゆるりと召しあがってください。

ゆっくりと急がずに料理を食べてください、と相手にすすめるときにも「ごゆるりと」を使います。

Column
6

葬儀の忌み言葉

　お悔やみの場面で用いる言葉にも忌み言葉があります。
　結婚のお祝い言葉のときと同様に、繰り返すことを連想させる「重ね言葉」は、不幸が重なるとして用いないように気をつけましょう。

【不幸の繰り返しを連想させる言葉】

　たびたび　重ねる　重ね重ね　返す返す　再び　再度

お礼・感謝

断り・拒否

謝罪・反省

依頼・提案

紹介・仲介

意見・抗議

謙遜・配慮

称賛・評価

報告・連絡

贈答

もてなし

感情に訴える

三……など

故人にはたびたびお世話になりました。

    ┗━▶ 大変
    ┗━▶ とても

返す返すも残念です。
   ┗━▶ 本当に

皆々様に見送られ
  ┗━▶ 多くの皆様

 また、「死ぬ」とか「死亡」といった直接的に死を表す言葉も、下記のような言葉に置き換えて使います。

 死ぬ、死亡 ──▶ 逝去、他界、永眠、旅立つ
 急死 ──▶ 急逝、突然のこと

 反対に、亡くなる前を指す「生きているころ」「生きていたころ」という言い回しも「ご生前」「お元気なころ」と言いかえ・書きかえるようにします。
 数字の「四」は死、「九」は苦を連想させるため、使うのを控えましょう。

お礼・感謝
断り・拒否
謝罪・反省
依頼・提案
紹介・仲介
意見・抗議
謙遜・配慮
称賛・評価
報告・連絡
贈答
もてなし
感情に訴える

 # 感情に訴える

人は感情の生き物と言いますが、その時々に心にわき起こる気持ちを表す言葉を知っておくと、ビジネスにおいても役に立ちます。

いかほど

類……いかばかり　どれほど　どれくらい
意……どれほど（多くの）

程度を表すときや尋ねるときに

　物事の程度や分量が多いことを表すときに用います。また、分量や値段がわからないときにも「いかほど」を使い、どれぐらいかを尋ねます。

　「いかほどのこともなかった」は、大したことはなかった、という意味です。

数量はどのくらいお入り用ですか？
　　　　└→ **いかほど**

　どのくらいの量が必要ですか、という意味で「いかほど」を用いた例。分量を尋ねるときの使い方です。

 1回の講演料はいかほどでしょうか？

193

料金、価格はいくらかを尋ねた例。直接、金額を聞くのがはばかられるときに、「いくら」より丁寧な言葉として「いかほど」を使います。

後ろ髪を引かれる

類……未練がある　あきらめきれない
意……心残りがして、なかなか思い切れないこと

離れたくはない、という思いを伝える

　別れると決心をしたものの、残された人たちのことが気になって仕方ない、去りがたいといった心情を表現した言い回しです。異動や退職で職場を離れるときや親交のある人たちとの別れのときに用います。

10年間、在籍した広島支社を去るのは断腸の思いです。

後ろ髪を引かれる ←

「断腸の思い」とは、あまりにも悲しくつらく、まるで腸がちぎれるほどだ、という中国の故事からきた言葉で、一生会えないような悲壮な別れのときに用います。それほど切羽つまった別れでなければ、「後ろ髪を引かれる」を用いて思い出深い地を離れがたいという気持ちを伝えるとよいでしょう。

部長がもうすぐ定年退職されるかと思うと後ろ髪を引かれる思いです。

「後ろ髪を引かれる」とは、心をそこに残しながら、去る人の心境を表す言い回し。残る人の気持ちを表す

お礼・感謝

断り・拒否

謝罪・反省

依頼・提案

紹介・仲介

意見・抗議

謙遜・配慮

称賛・評価

報告・連絡

贈答

もてなし

感情に訴える

場合には使いません。「後ろ髪を引かれる」のは去る人の心境で、見送る人の心境ではない、と区別して使いましょう。見送る側の心情を示す場合は「残念です」「名残惜しいです」を用います。

 後ろ髪を引かれて、最後まで会場に残りました。

その場を去ろうとするから「後ろ髪を引かれる」気持ちになるのであり、残ることに「後ろ髪を引かれる」は言いません。この場合は「名残惜しくて、会場に残りました」とするのが適切です。

収まる

類……平静を取り戻す　解決する　決着がつく
意……落ち着くこと

元通りの安定した状態に戻ること

　高ぶったり、乱れたりしていた気持ちが安定した状態になること、受け入れられる状態になることを指します。名詞は「収まり」で、乱れや騒ぎが鎮まること。「収まりがつかない」は納得できず、気持ちのうえで決着がつかないことを指します。

　気持ちの動揺が鎮まり、落ち着いて穏やかな状態に戻るときに用います。

部長に相談に乗っていただき、大変助かりました。
　　気持ちが収まりました←

それまでの不安や心配が解消され、平穏な気持ちを取り戻

すことを「気持ちが収まる」と言います。「大変助かりました」「ありがとうございました」でも問題はありませんが、感謝の気持ちを伝える機会は多いので、フレーズのバリエーションを増やしましょう。

 これで、丸く収まりますね。

もめごとが円満に解決することを「丸く収まる」と言います。問題が解決して、穏やかな状態を取り戻せる、という例です。

 親子とはいえ、嫌悪だった会長と社長も元の鞘に収まりましたね。

ケンカや仲たがいをしていた者が、以前の親しい間柄に戻ることを「元の鞘に収まる」と言います。抜いた刀を元の鞘に入れることに由来する慣用句です。

 このままでは腹の虫が収まりません。

しゃくにさわって我慢できないことを「腹の虫が治まらない」と言います。「収まらない」ではなく「治まらない」なので注意を。

肩の荷が下りる

類……気が楽になる　緊張が解ける
意……責任や負担がなくなる

責任や負担がなくなり、気が楽になるときに

　責任や義務から解放されて、ほっとすること。肩にのしかかる重たい荷物を取り去ることに喩えた慣用句です。

お礼・感謝

断り・拒否

謝罪・反省

依頼・提案

紹介・仲介

意見・抗議

謙遜・配慮

称賛・評価

報告・連絡

贈答

もてなし

感情に訴える

　反対に、気負うことを「肩肘張る」「肩に力が入る」と言います。

役員の任期が終わり、清々しました。

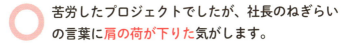

やっと肩の荷が下りました

> 役員として責任を負うことがなくなり、ほっとした気持ちを伝える一文です。「清々しました」では「よほど嫌だったんだな」と相手にネガティブな印象を与えてしまいます。

◯ 苦労したプロジェクトでしたが、社長のねぎらいの言葉に肩の荷が下りた気がします。

> プロジェクトを率いてきた重責と緊張から張りつめていた気持ちが、ねぎらいの言葉で解消され、ほっとした心情を伝えるのが、「肩の荷が下りる」という言い回しです。

Tips

「肩の力を抜く」

「肩の荷が下りる」に似た言葉が「肩の力を抜く」です。力まずにゆったり構えていることを指し、「肩肘張る」や「肩に力が入る」ことの反対の状態といえます。

もっと肩の力を抜いて取り組んでみたら？

しめやか

類……悲しみに暮れて　哀悼の意を表する　しんみり
意……気分が沈んで悲しげな様

人が亡くなったときに用いる言葉

　人々の気分が沈んで悲しげな様子を「しめやか」といいます。通夜や葬儀といった、人の死に接し、悲しみに沈んでいる状況で用いられることが多い言葉です。

会長の葬儀が重々しく行われました。
　　　　　　　　➡ しめやかに

葬儀や告別式は重々しい雰囲気で行われるものですが、悲しみに沈む様を表す場合は「しめやかに」とするのが適切です。

○ 佐藤さんを偲ぶお別れの会が都内のホテルで**しめやかに**営まれ、参列者は約250人にのぼりました。

故人を偲ぶ会が行われた様子を伝える一文。「しんみり」も同じ意味の言葉ですが、どちらかというと、個人的な思いをもって故人を語るときに用いられる言葉で、事実を客観的に報告する文章には「しめやかに」が適しています。

✕ 両家による結婚の儀が先ほど、**しめやかに**執り行われました。

「しめやか」には、ひっそりとしていて静かな、という意味合いもあり、厳粛な状況を表す言葉ですが、結婚式などの慶事には用いません。この場合は「厳かに」とするのが適切です。

情にほだされる

類……身につまされる
意……相手の情に強く引かれること

つい、協力や同情をしてしまうときに

相手の気持ちや置かれている状況に、自分の気持ちが引きつけられ、相手と同じように感じてしまうときに使う言葉です。

気持ちが通じ合う相手であるほど、「情にほだされる」と心情的に縛られ、身動きがとれなくなることがあります。

**情にほだされて、
新人の佐藤さんに協力することになってしまった。**

相手に対して気持ちが動かされ、手助けをしてしまうようなときに使います。

○ **情にほだされて手助けしてばかりでは、彼女の成長もありません。**

人情にとらわれて面倒を見続けるのは、相手のためにならないという忠告。情に引きつけられて、自分の考えにない行動をとることを「情にほだされる」と言います。

Tips

「身につまされる」との違い

自分の身に置きかえて考えるという点では同じですが、「情にほだされる」ときの相手が親しい間柄であるのに対し、

お礼・感謝

断り・拒否

謝罪・反省

依頼・提案

紹介・仲介

意見・抗議

謙遜・配慮

称賛・評価

報告・連絡

贈答

もてなし

感情に訴える

199

「身につまされる」相手は自分に縁のない人も含まれます。

　また、「身につまされる」のは、そのときだけの感情で、「情にほだされる」場合ほど尾を引きません。

力落とし

類……がっかり　落胆する
意……がっかりして、気力がなくなること

お悔やみを述べるときに使用

　頼みとするものや希望がなくなってがっかりすること。動詞では「力を落とす」とも言います。

　「お力落とし」の形で、お悔やみのあいさつに使うことが多くあります。

> **このたびのご不幸で、さぞや心身ともにおつらいことでしょう。**　　お力落としの←
>
> 身内に不幸があったことに対して、気落ちしている相手にかける言葉の一例です。「お力落としのことと存じます」という言い方もあります。踏み込みすぎず、かといって距離を置きすぎないことが望ましいお悔やみの言葉は、探すのが大変です。ぜひ、このフレーズを覚えておいてください。

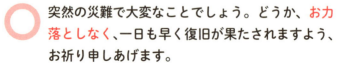

○　**突然の災難で大変なことでしょう。どうか、お力落としなく、一日も早く復旧が果たされますよう、お祈り申しあげます。**

　災害にあった人へのお見舞の一文。大変な状況で落胆

お礼・感謝

断り・拒否

謝罪・反省

依頼・提案

紹介・仲介

意見・抗議

謙遜・配慮

称賛・評価

報告・連絡

贈答

もてなし

感情に訴える

しているであろう相手を励ますときに「お力落としなく」「お力落としなさいませんように」という言い回しをおすすめします。

手のひらを返す

類……気が変わる　急変　豹変　手の裏を返す　たなごころを返す

意……態度を急に変えること

態度が急変する人を指して

　言葉や態度がそれまでと正反対に急変して、悪い印象を持った人に対して使います。

　人に接する態度がまたたくまに変わってしまうことを指します。「手の裏を返す」とも言います。

手のひらを返したように ——

どういうわけか、担当者が代わってから▼態度が冷たくなった。

　同じ会社でも担当者によって態度が異なることを言う一文。急にすっかり変わってしまったことが伝わります。

台風が去り、手のひらを返したような晴天になりました。

　人の言動や態度、事の成り行きが急変することの喩えであって、天候の変化に「手のひらを返す」は用いません。

名残惜しい

類……心残り　別れを惜しむ
意……心が引かれて、別れるのがつらい

心残りが多くて別れづらい心情を伝える

　人との別れをつらく思う気持ちが「名残」。別れたあともその人の面影が残っていて、なお心引かれるつらさを「名残惜しい」といいます。

> **広島支社での勤務も最後かと思うと心苦しいです。**
> **名残惜しい** ←
>
> 「心苦しい」は相手にすまないと思う気持ち。別れを惜しみ、残念に思う気持ちを伝える場合は「名残惜しい」を用います。

○ **名残惜しい**ですが、私はこのへんで失礼いたします。

　集まりや宴会などで人より先に退出するとき、「名残惜しいですが」を使うと「まだ、一緒にいたいのに」という残念な気持ちが伝わります。「失礼いたします」の代わりに「お暇いたします」としてもよいでしょう。

　反対に、先に退出する人に対して「もうお帰りになるのですか。お名残惜しいです」という使い方もできます。

○ **お名残惜しい**ですが、これをもちましてお開きとさせていただきます。

　宴席や会合の司会で、会の終了を告げるときにも、集

う人々の気持ちを代弁して「お名残惜しいですが」と
一言添えます。

憎からず

類……好感を持つ　かわいい　慕わしい
意……好ましい

間接的に相手への好意を伝えるときに

　好感が持てる、引かれている、という意。好きだと思う
気持ちを、「憎くはない」と間接的に表す言葉。相手に対
して抱く「好き」という感情を遠回しに伝えるときに使い
ます。

佐藤さんも山田さんのことは好きな様子です。
憎からず思っている ←

> 「好き」と言うのはストレートすぎる場合があります。「憎
> からず」で表現することもできます。また、お互いに好感
> を持っていることを「憎からず思う」と言います。

Tips

「嫌い」を遠回しに表現すると？

　なんとなく好感が持てない、好きになれないことを「虫が
好かない」と言います。「虫」とは、人の体内で意識や心
理状態を左右すると考えられるものを指します。

虫が好かない人であっても同僚としてつき合っている。

図らずも
はか

類……思いもかけず
意……そんな結果になるとは、予想していなかった様子

予想外に良いことが起きたとき

　思いがけず、あるいは意図せずに良い結果がもたらされたようなときに使います。

→図らずも

意外にも、連絡したその日に社長にお目にかかることができました。

　　思いがけず、望んでいた結果がもたらされたときに、「図らずも」を使います。

 これ以上は無理だろう、とあきらめていたのですが、図らずも事態が好転したのです。

　　予想外の結果がもたらされるときに「図らずも」を使います。

羽目を外す
はめ

類……悪ふざけをする
意……調子にのって、度を越すこと

勢いづいて度の過ぎた言動をしてしまったときに

　調子づいて相手に迷惑をかけたことを詫びるときに使い

ます。

「はめ」とは馬の口にかませる棒状の金具を指し、はめを外した馬が自由に走り回って手におえない様子から、という説や、平らに張った「羽目板」を外すほどという意から、という説もあります。

打ち上げということもあり、無礼講で盛りあがってしまいました。
　　　　　　　　　　　　→ 羽目を外して

いつもと違う気分になり、暴走したことを反省する一文。「無礼講」というのは、役職や上下関係を脇において互いに楽しむことです。それが盛りあがったのならば反省する必要はないので、間違いです。

社員旅行の宿泊先で、あまり羽目を外さないように。

行き過ぎた行為をしないように注意するときは「羽目を外さないように」を使います。

骨身を惜しまず

……怠けず　一生懸命　必死に
……苦労をいとわない

苦労を嫌がらないこと

苦労や面倒を嫌がらず、一心に働く様を表す言葉。「骨身」とは体全体のことを指します。

人が面倒がったり、嫌がったりすることを、黙々とやり抜く人やその姿勢に対して使います。

┌─ 骨身を惜しまず
こんな非常事態でも→対応してくれる担当者には、頭
が下がります。

> 普通ではない状況下でも苦労をいとわず対応してくれる人
> への感謝の念を伝えています。

○ 佐藤さんのためなら、誰も骨身を惜しまないこと
でしょう。

> 「骨身を惜しまず」の代わりに「骨身を惜しまない」
> を使うこともあります。誰も億劫がらず、積極的に取
> り組むでしょう、という意の一文です。

Tips

「寸暇」は「惜しまない」もの？
「惜しむ」もの？

「寸暇」とは、ほんの少しの空き時間を指します。わずか
な時間ももったいなく思い、没頭する様子を「寸暇を惜しむ」
「寸暇を惜しんで」と言います。

しかし、「寸暇を惜しまず」は、わずかな時間も気にせず、
関係なく常に、という意味になるので間違いです。「骨身を
惜しまず」と混同しないようにしましょう。

「骨身」を使う言葉

一生懸命に努力することを「骨身を削る」、つらさが身に
染みることを「骨身にこたえる」と言います。

会社の創業期には骨身を削る苦労をしました。

家族と離れ離れの生活は、骨身にこたえます。

お礼・感謝

断り・拒否

謝罪・反省

依頼・提案

紹介・仲介

意見・抗議

謙遜・配慮

称賛・評価

報告・連絡

贈答

もてなし

感情に訴える

目頭を押さえる・目頭が熱くなる

類……目尻の反対側
意……目の鼻に近い部分

涙が出るときに

　俗に言う「うるうるする」と同じニュアンスの言葉ですが、メールや手紙で使うなら「目頭が熱くなる」という伝統的な表現のほうが印象がよいでしょう。

社長の励ましの言葉に部長も泣いていました。
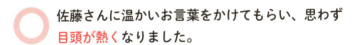
目頭を押さえて ←

　会社の中や人前で涙を流すことをみっともないと感じる人（とくに男性）もいるので、「目頭を押さえる」くらいのニュアンスで言うほうが好ましいでしょう。

佐藤さんに温かいお言葉をかけてもらい、思わず目頭が熱くなりました。

　感謝や感激、感動で涙がこぼれそうになることを表す慣用句が「目頭が熱くなる」です。

目くじらを立てる

類……非難する　とがめる
意……粗探しをする

207

些細なことをとがめる人や様子を言うときに

　他人の欠点を探し出してとがめ立てをする様子、わずかな事を取り立てて、そしりののしる様を言うときに使います。

そこまで言うほどのことではないでしょう。
　　　　　┗━━▶ 目くじらを立てる

　それほど厳しくとがめるようなことではない、ということを「目くじらを立てるほどのことではない」と言います。本筋からはずれて、細かいことを言い立てる人に火に油を注ぐような言い方を避け、やんわりと注意するときに使います。

○ 彼は何かと目くじらを立てて文句を言っている。

　他人の欠点を探し出しては、ズケズケと文句を言っているような人を指して言うときの一文。そのような態度は、細かい人、うるさい人という印象を与えます。

Tips

「目くじらを立てる」の反対は？

　目をつり上げるのが「目くじらを立てる」に対し、「目尻を下げる」はうれしかったり気に入ったりして、満足そうな表情になることを指します。

息子のスーツ姿に目尻を下げる。

お礼・感謝

断り・拒否

謝罪・反省

依頼・提案

紹介・仲介

意見・抗議

謙遜・配慮

称賛・評価

報告・連絡

贈答

もてなし

感情に訴える

Column
7

「敷居が高い」の本来の意味

「初心者にはちょっと敷居が高い店ですね」という使い方を見受けますが、「敷居が高い」の本来の意味は、相手に不義理をしたり、面目ないことがあったりして、その人の家に行きづらくなること、相手に合わせる顔がないことを指します。

　会うのが気まずいので、相手の家の敷居をまたいで中に入るのがおっくうな気持ちを「敷居が高く」感じると表現しているのです。

　したがって、上記の文例のような格式が高くて「行きにくい」とか、「とっつきにくい」といった意味での使い方は本来の使い方ではありません。「敷居が高い」という表現は、「長く連絡をとっていないので、あの客先に行くのは敷居が高い」といった使い方をします。

　本来の「顔を合わせるのが気まずい」という意味を離れ、「初心者でも使いやすいように敷居を下げたサービスをしています」といった表現も見られますが、敷居は容易に上げ下げできるようなものではありません。「敷居が高い」に対して「敷居が低い」「敷居を下げた」という表現も本来の意味を離れたものなので、注意しましょう。

索　引

黒い文字は見出しになっている言葉、赤い文字はそれに関連して本文で解説している言葉です。

【か】

213

【や】

【ら】

参考文献

『美しい日本語の辞典』(小学館辞典編集部・編、小学館)
『勘違いことばの辞典』(西谷裕子・編 東京堂出版)
『文化庁国語課の勘違いしやすい日本語』(文化庁国語課・著、幻冬舎)
『記者ハンドブック 第13版 新聞用字用語集』(一般社団法人共同通信社)
『日本人なら身につけたい品性がにじみ出る言葉づかい』(菅原圭・著、KAWADE夢新書)
『日本の大和言葉を美しく話す』(高橋こうじ・著、東邦出版)
『一目置かれる大和言葉の言いまわし』(山岸弘子・監修、宝島社)

[著者プロフィール]

神垣あゆみ（かみがきあゆみ）

広島県呉市生まれ、尾道短期大学(現・尾道大学)国文科卒。自身が発行するメールマガジン「仕事美人のメール作法」は読者7000人、発行3000号を超える。そのメルマガの中で、ビジネスにおける大和言葉の使い方を紹介したところ大きな反響があり、本書執筆のきっかけになった。著書に『メールは1分で返しなさい！』『考えすぎて書けない人のための1分間メール術』（ともにフォレスト出版）など多数。

[監修者プロフィール]

山岸弘子（やまぎしひろこ）

NHK学園講師を務め、NHK「視点・論点」にて解説、クイズ番組国語問題監修など国語関連の仕事に携わる。「あたたかい言葉でこの国を満たしたい」という思いで講演会の講師としても活動している。『あたりまえだけれどなかなかできない敬語のルール』（明日香出版社）などの著書、監修を務めた本は多数。

215

仕事で差がつく言葉の選び方

2018 年 1 月 19 日　初版発行

著　者　神垣あゆみ
監修者　山岸弘子
発行者　太田　宏
発行所　フォレスト出版株式会社
　　　　〒162-0824　東京都新宿区揚場町 2-18　白宝ビル 5F
　　　　電話　03-5229-5750（営業）
　　　　　　　03-5229-5757（編集）
　　　　URL　http://www.forestpub.co.jp
印刷・製本　中央精版印刷株式会社